佐賀のラガーマン

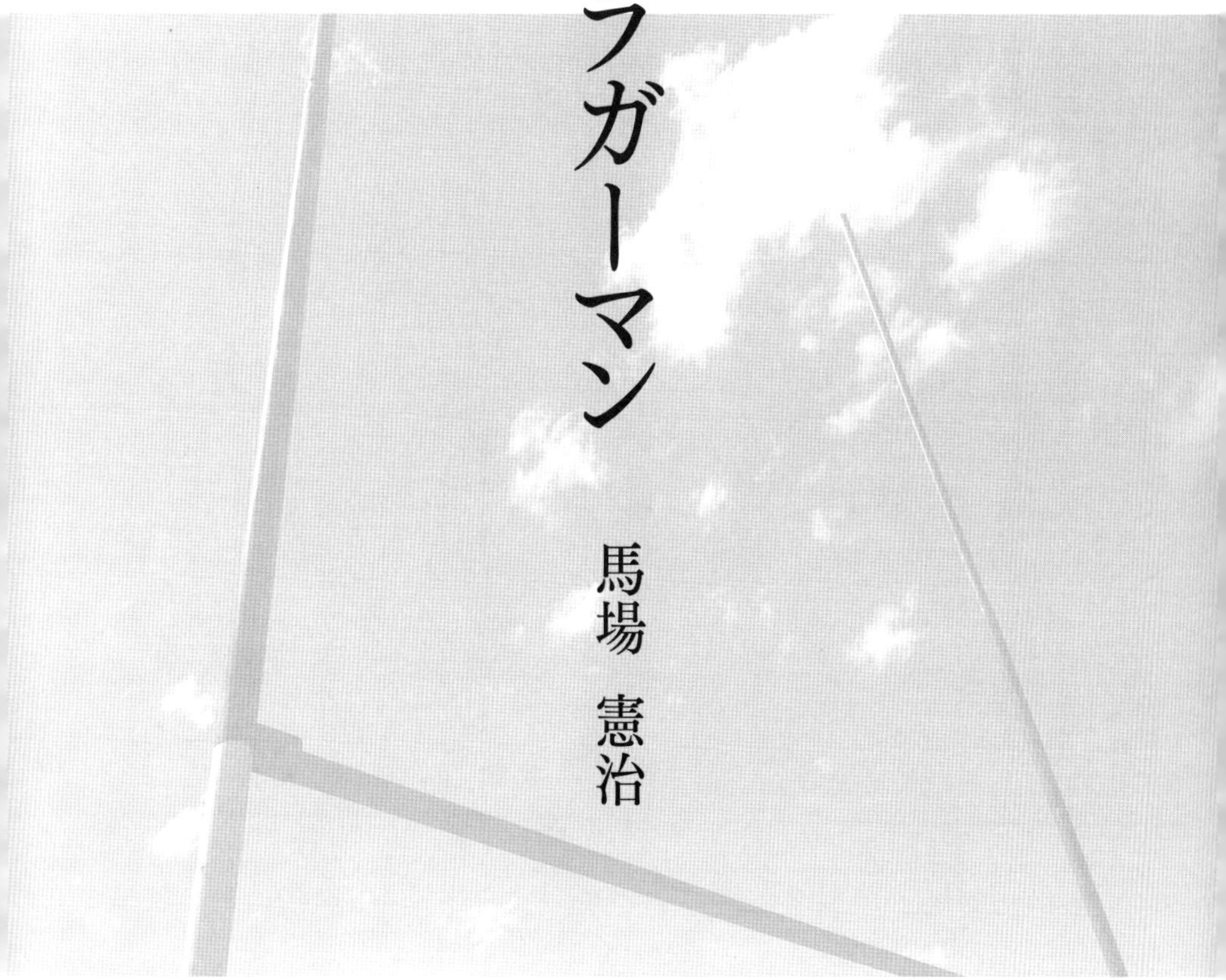

馬場　憲治

佐賀新聞社

目次

まえがき

２０１９年9～11月にかけ、日本全体がラグビー旋風で沸き返りました。
わが国初のラグビーワールドカップ（W杯）開催という鮮烈なビッグイベントの醍醐味に留らず、大会期間中に日本列島を襲った台風の惨禍にあえぐ国民を勇気づける熱戦の連続と日本チームの驚異的な頑張りが日本人の心に感銘と感動を与え、ラグビーフィーバーを巻き起こしたのです。

第9回ラグビーワールドカップ日本大会は、
２０１９年（令和元年）９月20日～11月２日まで開かれました。

日本は２０１１年の招致に失敗したものの、
活動を続け今大会開催を勝ち取りました。
この大会招致活動には、
元日本ラグビー協会会長の森喜朗氏の粘り強い努力が
実を結んだのですが、
森会長が招致に力を入れたのには外交官の元ラガーマンの存在があります。

彼はラグビーと外交官試験の両立は出来ないと悩んだ末、
外交官を目指しました。
片や森氏は、ラグビーをあきらめて政治の道へ進みました。
彼と森氏は、お互い、一度大好きなラグビーをあきらめたという、
共通点がありました。
そして、ラガーマンの強い絆で結ばれていました。
彼が外務省の国連政策課長になると
英国でW杯招致の運動に全力を尽くし、
何としても日本でワールドカップをやりたいと意気込んでいました。
彼は赴任先の英国からイラクに出張。
そこで銃撃事件に遭い45歳で死去。
森喜朗氏は、彼の為に何としても取らないといけないと思いました。
彼は兵庫県の出身。
早大で大型フルバック。
外交官を目指す為、二年生の時退部。
留学先のオックスフォード大学で日本人初のレギュラー選手となりました。
後に大使に昇格。
彼のご冥福を、スポーツを愛するラグビーファンとして、

心よりお祈り致します。

合掌

このW杯終了から未だラグビー熱が冷めやらぬ中、私が以前から感動した数多くのラグビーにまつわる話を紹介したいと一冊の本にまとめました。つまらない話と拙い文章表現かもしれませんが、この機会にぜひ皆さんにお伝えしたくて筆を執った次第です。

史上初の決勝トーナメント進出

第9回ラグビーワールドカップ日本大会
開幕戦を前に、ジョセフ・ヘッドコーチの言葉

「誰も勝つとは思っていない。
これまでの練習を知らない」

そして、日本夢のような無傷の4連勝で
歴史的な快進撃を達成するのであります。
かつて日本代表の猛者達（力のすぐれた勇猛な人）が
目指した**ワールドカップ一勝**・・・・
どれだけ練習しても日本人には無理だと言わせた・・・・
悲願の一勝が遠かった時代・・・
それが**8強入り**史上初の決勝トーナメント進出。
私達は歴史的瞬間に立ち会える事が出来ました。

ここに、公益財団法人
日本ラグビーフットボール協会の案内、お礼状があります。
協会の許可を得て、原文のままご紹介致します。

世界一のファンがいた

心をこめて相手チームの国歌を歌う人がいた
満面の笑みで各国のファンを迎えるボランティアがいた
世界が称賛したおもてなしは、誰よりも日本代表の選手にパワーを送った
44日間、ラグビーを楽しんでくれたすべての人にありがとう
日本中にひろがる熱狂が物語っていた
「にわか」も「オールドファン」もない
楕円球のゆくえに心奪われたら、
誰もがラグビーファンだと
こまかいルールなんて後回しでいい
私たちは、世界一ラグビーを楽しむ国になろう
この国の〝ラグビーロス〟は、

ラグビーでしか癒やせないから
次は、トップリーグ、スーパーラグビーで盛り上がろう
子どもたちが思いっきりプレーできる芝生のグランドを増やそう
そして再び、日本でラグビーワールドカップを開催しよう
ファンも選手もみんな　ＯＮＥ　ＴＥＡＭ　になって
ラグビーの楽しさをつないで行けば
未来も驚くようなパスを次の世代に渡せるはずだ。

世界一、楽しもう。

ＷＲのビル・ボーモント会長は、
「最も偉大なＷ杯の一つとして記憶に残る歴史をつくった
素晴らしい開催国に感謝したい」と述べられた。

リーチ・マイケル主将が目指した
日本中が応援したくなるチームが
ここに見事に出来上がったのであります。

ラグビーのウイングのすごさは、
思いっ切り走って、急ブレーキをかけて止まる事です。
これは、なかなか出来ることではありません。
私は、陸上部ですので、いつも走っていますが、
スピードをグングン乗せて、加速するのは出来ますが、
急ブレーキは全く出来ません。
これはラグビー用語で、
チェンジ・オブ・ペースと言います。
まさに急発進、急ブレーキです。
これがもっとも上手だったのが、
昭和30年〜40年代に近鉄で活躍された坂田好弘選手でした。
現役を引退した後、大学の監督になられ、
その時に
〝負けて頭を下げるのは、監督。
勝って胸を張るのは選手であるべきです〟
と言う名文句を吐かれました。
ラグビーの試合中は、指令塔の

ナンバー8が全てを指示しますので、
本当は負けても、監督に責任はないのですが・・・・・。

試合が終わった後、
アフターマッチ・ファンクションが行われます。
これは、今まで試合していたために、
ラガーマンの血の気がまだ冷めておらず、
個人的に、「ウンがコンチクショウ」の気持ちがあるのを、
取り除くためのいわば、ミニパーティーみたいなものです。
ラグビー部だけにしかない素晴らしい試合後の交流会です。
そこで両チームのキャプテンが、
お互いの健闘を讃え合う、スピーチをします。
試合中の、やられて痛かった事、
突き飛ばされて、うったおれて、ムカついた事、
ふんだくられて、はがいかった（悔しかった）事、
全てを水に流してくれるパーティーです。
パーティーと言ってもお酒は出ません。テーブルに並べられているのは
サンドイッチや唐揚げ、おにぎり、サラダ、果物、スープ、ジュース等の

軽食、スナック類ですが、
ここで一気に和やかになり、友情が芽生えるのです。
これは、本当にラグビーの世界だけで見られる素晴らしいものだと思います。
先程の試合で、
「あさんが、ふんだくった、この肩の所、見てんのー、
こぎゃん（こんなに）黒血のよって、腫れとっちゃー」
「ワー痛かろうね。スマン、スマン」と言ってさすると、
本人も「もうよかヨ。試合けん仕方なかもんネ」
で何のわだかまりもなく、全てが治まります。
世間一般では、よく「悪かった」「謝ろう」等と思っても
そのタイミングがズレたら謝りにくくなり、そして、
そのわだかまりだけが妙にお互いいつまでも残るということがよくあります。
他の部もこんな
アフターマッチ・ファンクションがあったらいいのですが・・・・。
そうすれば、もっともっとスポーツが発展するだろうと思います。
さらに、ラグビーで素晴らしいのは、応援の仕方です。応援団はどのチームにも
ヤジったりしません。

昭和の時代、高校野球の対抗練習試合の時、
応援団の中に必ず、ヤジ将軍といわれる人（別名10番バッターとも言う）が
おりました。
相手のエースピッチャーがズバッとストレートの速い球を投げ込み、
見逃しのストライクが決まった時、
すぐさま、ヤジ将軍が大声で
「あんまいおそか、しょんべん球ば投げたけん、
バッターもあきれて、ボールばゆっくい、ながめてしもうとろうが、
この、デクの棒のボケが・・・・」等々・・・・。
回を追う事にエスカレートし、
両軍、ヒートアップして、
ヤジを飛ばし合いますので。
試合が終わった後、必ずバックネット裏や
校舎の裏側でケンカがあっていました。
本当に恥ずかしい、幼稚な昭和の話です。

そして、ヤジのきわめつけと申しますか、
頂点はなんと言っても、福岡の平和台球場でした。

西鉄ライオンズのダッグアウトの上は
このヤジ将軍団で埋め尽くされていますが、
稲尾投手が、完璧に抑えている時は、
神様、仏様、稲尾様とおがんでおりますが、
打たれた端途に一変、
「ダッグアウトに戻ってくんな」
「あっちさい行け（相手チームのダッグアウト）へ行け」と、
キツーいヤジがどんどん飛びます。

引退後のインタビューで稲尾投手も、打たれた時の味方のヤジがひどかったので、
ダッグアウトへ戻るのが辛かったとこぼしていました。
又、対戦相手の投手たちは、
バッターとの勝負だけでなく、
博多のヤジとの勝負にも血の気が上がるのでした。
スポーツ新聞でも「〇〇投手が野次に対して反撃の言葉を
こう言った」とか、書きたてるのでした。

ラガーマンの心得の言葉に
ワンフォーオール・オールフォーワン
『一人はチームのために、チームは勝利のために』
という言葉があります。

種目は違いますが、
この言葉をそのまま実行し見事に栄光を勝ち取ったチームがあります。

〝鹿島市消防団　古枝分団〟がそれです。
平成30年10月19日　富山県富山市で開催された全国消防操法大会に、
佐賀県代表として出場、
見事、優良賞を勝ち取りました。

ラガーマンの心得をスローガンに掲げて、
スポーツマンシップに乗っ取った見事な結束力を発揮したのです。

消防団は、ボランティア活動の王道であり又、原点でもあります。
団員全員が社会人と言う重き責任を背負いながら、

ほとばしる情熱を持って我慢強く生きている男達です。
団員たちは消防団活動に男の夢とロマンを求め全員が結束して突き進みます。
まず地区大会を文句ナシの一発推薦で通過、県大会も優勝で突破。
家族、職場、同級生、友達、地区の人達等の協力と
サポートを受けて、
次の目標を大きく全国大会優勝と定め、全員で気合いを入れます。

全員が結束して、全国大会で優秀な成績を上げ、
日本一の消防団を作り上げたのであります。
競技こそ違え、まさしくラガーマンの心根を地で行くような大活躍でした。

ワンフォーオール・オールフォーワン
『一人はチームのために、チームは勝利のために』

何と響きのいい言葉でしょうか!!

改めて、ラガーマンのスポーツマンシップに感心させられます。

この言葉こそがラグビーが
紳士のスポーツと言われる根拠《ゆえん》だと思います。

第1章

第80回全国高校ラグビー選手権大会

平成12年12月～13年1月

佐賀県大会

２回戦	佐賀工	VS	砺波高
３回戦	佐賀工	VS	東京高
準々決勝	佐賀工	VS	東海大仰星
準決勝	佐賀工	VS	仙台育英
決　勝	佐賀工	VS	伏見工

佐賀県大会　準決勝
佐賀工205—0龍　谷

佐賀工は、小気味よい、ステップとリズム
そして、今大会最重量を誇る、
ＦＷ陣の縦の突進で優位に立ち、
加えてバックスへ巧みなボール展開で確実に得点を重ね、
危なげなく、佐賀県大会の好スタートを切ったのでした。

佐賀県大会　決勝
佐賀工171—3佐賀西

決勝戦、佐賀工が１７１—３で、佐賀西に勝利して、

31連覇を達成

19年連続29回目の全国出場を決めました。
スコア的には、佐賀西に勝利したけど、

まさに試合に勝って、勝負に負けたとは、
この事ではなかろうか!!
スコアとしては当然、ゼロ殺しで、行けると
誰もが思ったでしょうが、
どっこい、佐賀西も素晴らしい敢闘精神を発揮して
見事に強豪、佐賀工から3点をもぎ取ったのであります。
しかも、失点171に抑えての見事なスコア。
当時の佐賀新聞には、前後半合わせて27トライを奪い、
強豪校の力を見せつけたと書いてあります。
しかし
佐賀西の後半14分FL南里に
中央ライン付近のPGを決められて、
3点もぎ取られた事は、佐賀工の選手や関係者には、
屈辱だったと思われます。

佐賀工、松本健志主将の試合後のインタビューで、
「相手の佐賀西の気迫に負けていた。
強豪校に見劣りしない低いタックルも光っていた」

と、答えています。

一年生の時からレギュラー出場している松本主将を「強かった」と言わせた佐賀西フィフティーンに、心より拍手を送りたいと思います。

第80回全国高校ラグビー選手権大会

平成12年12月30日

２回戦

佐賀工　137－0　砺波高

佐賀工 怒とう137得点

Ａシードの実力まざまざ

ハイライト

後半25分、佐賀工陣内で砺波（富山）のラインアウトがドラマの始まりだった。こぼれ球を佐賀工は延べ八人でつなぎ、最後はＣＴＢ黒木が右から回り込んでトライ。これが１２３点目。三年前の大会で啓光北（青森）がつくった１２２点を上回る一試合最多得点を更新した瞬間だった。

その後も手を緩めず、Ａシードの実力をいかんなく発揮。面白いようにスピーディな攻めを展開し、21トライを次々と決めた。終わってみれば、１３７－０の大会記録を樹立する猛攻ぶりだった。

だが試合後、険しい表情をしていた小城監督は「ノックオンが多すぎる。あれだけ練習したのが試合で生きていない」とミス続きの選手たちを厳しくしかりつけた。ナンバー８松本主将も「まだ個人プレーが多く、組織で戦えていない。この状態では上位との決戦は苦しい」と監督と同じく反省を口にした。

これで“佐賀工強し”の評判はさらに高まった。記録突破のトライを奪った高倉は言う。「先輩たちができなかったことをひとつ果たせた。あとは一戦ずつ確実に勝ち上がってそれを越えるしかない」

記録的なスコアもいわば通過点にすぎない。目標はあくまでも優勝チームとして大会史に名を残すことだ。そのために佐賀工は花園に帰ってきた。

（宮崎慶）

佐賀新聞 平成12年12月31日付

第3日目　東大阪市の花園ラグビー場で、
佐賀工は、花園の大観衆に迎えられて、
2回戦より、いよいよ登場します。
対戦相手は富山県代表の砺波《となみ》高。
Aシードの貫禄を遺憾なく発揮します。
今大会最強の重量を誇るFWの重戦車が、
対戦相手との平均体重差19キロの圧倒的な重量にものをいわせ、
ガンガン押しまくれば、
バックスも、縦横無尽に走り回り、
パスもスムーズに繋がります。
もうこうなれば、日頃練習している通りの展開です。
ボールも、体も動き、声も通り、
どんどんトライの山を築く事となりました。
試合終了のホイッスルが鳴った時は、
全国高校ラグビー大会史上最多得点となる
137得点を上げ、しかも失点はゼロ。
まさしく、ゼロ殺しのおまけ付きの最高のスタートでした。

この試合を少し振り返ってみましょう。
佐賀工は、今大会　最重量を誇るＦＷで
試合開始と同時に怒涛のごとく押しまくり、
圧力をかけます。
そして、試合開始３分、いきなり中央突破し、
最後は左に展開して、ＣＴＢ高倉和起が先制トライ。
パワーとボールコントロールと走力、
そして高校日本代表候補５人が随所で見せる高度な個人技と
連係プレーを遺憾なく発揮し、その後も試合の主導権を握り続けます。
前半を66―0で折り返し、後半も攻撃にリズムが出て
まるで〝ホッケのタイコ〟のようにますます調子が出て、
ボールが思い通りにつながって行きます。
その後、立て続けにＷＴＢ西國隆博がトライを上げ
さらにＷＴＢ小柳泰貴が、自慢の俊足で、
めったに見られない83ｍの独走をして、トライ
花園を大きく沸かせます。
そして、興奮の拍手がまだ鳴り止まないうちに、

またしてもＣＴＢ高倉が回転の効いた急ハンドルの走りで、
右から回り込んでトライ。
これで１２３得点。
過去の全国大会で記録された最高得点１２２点を更新した瞬間でした。
その後も攻めて攻めて攻めまくり、
走って走って走りまくり、
ＣＴＢ高倉が結局４トライを決め、続いてＦＬ百武大二も４トライを重ねます。
その後、疲れが出始める終盤にＦＷとバックスが、
まさしく重戦車のごとく押しまくり、次々にゲインラインを突破して
勝負を決定づけました。
片やディフェンスも最後までしっかり守り抜き、
まさに攻めと守りがガッチリかみ合い、
佐賀工の良い所が全部出た、見事な試合でした。

大会前からＡシードで注目を集めていた、
佐賀工。花園ラグビーファンに熱狂的に迎えられ、
「よおー帰って来た」との大声援を受けて、

「ただいま帰って来ました」と挨拶代わりに、全国大会史上最多得点のエンブレムをひっさげて、華々しく、3回戦へと向かうのであります。

(注)野球は甲子園へ行くと言いますが、ラグビーは花園へ帰ると言います。

第80回全国高校ラグビー選手権大会

平成13年1月2日

3回戦

佐賀工　62－17　東京高

佐賀工 10トライ 8強

東京を62－17 開始50秒で先制

総合力で勝る佐賀工が前半から東京（東京第三）を圧倒し、準々決勝にあっさりとコマを進めた。

佐賀工は開始直後、右中間のラックから左に展開し、FB高田がトライ。素早いボール回しと縦への突進で、着々と得点を重ね、前半だけで7トライ、43－10とリードした。

ただ東京のキックオフから始まった後半は失速。東京にボールをキープされて苦戦した。ディフェンスの甘さが目立ち、終盤、2年生のWTB大坪とCTB佐古のトライでやっと流れを取り戻した。東京は時折見せるスピードある攻撃で、前後半にそれぞれ1トライ返したが、佐賀工を脅かすまではいかなかった。

"宿敵"への雪辱期す

○…佐賀工の次の対戦相手はいよいよ昨年の覇者・東海大仰星（大阪第三）。昨年の準決勝で立ちはだかった"宿敵"だけに、選手たちは雪辱に燃えている。

一日夜には三時間半のミーティングを行い、仰星対策として相手にボールを渡

先制トライは試合開始からわずか50秒だった。右中間のラックからハーフ陣が左へ展開し、CTB高倉が相手につかまれながらもパス。FB高田がそのまま中央に決めた。10分もしないうちに3トライ。最多得点を記録した初戦を上

▽3回戦

佐賀工（佐賀）62（43－10、19－7）17 東京（東京第三）

第80回全国高校ラグビー ●第4日●

ラグビーの全国高校大会第四日は一日、東大阪市の花園ラグビー場で3回戦8試合を行い、県代表の佐賀工をはじめ、埼玉工大深谷（埼玉）、伏見工（京都）、仙台育英（宮城）のAシード勢が順当に準々決勝へ進んだ。

佐賀工は東京（東京第三）と対戦。FB高田の3トライなど計10トライ（6ゴール）で62－17と圧勝し、五年連続の八強入りを果たした。埼玉工大深谷は日川（山梨）に69－14で大勝し、伏見工も江の川（島根）に40－0で完勝した。仙台育英は大分舞鶴（大分）を19－17で破り、初のベスト8に入った。

二連覇を目指すBシードの東海大仰星（大阪第三）は秋田工（秋田）に21－18で逆転勝ち。桐蔭学園（神奈川）、天理（奈良）、啓光学園（大阪第一）も勝ち上がり、ノーシード勢は姿を消した。

第五日は三日、同ラグビー場で準々決勝4試合を行い、佐賀工は午後一時半から東海大仰星と対戦する。

▽3回戦

東海大仰星（大阪第三）21（21－5、0－13）18 秋田工（秋田）

仙台育英（宮城）19（0－12、19－5）17 大分舞鶴（大分）

桐蔭学園（神奈川）22（7－14、15－5）

啓光学園（大阪第一）24（12－22、12－0）

埼玉工大深谷（埼玉）69（28－7、43－7）

【佐賀工－東京】前半終了間際、左中間のラックから右に展開し、佐賀工・FB高田が中央にトライ＝花園ラグビー場

佐賀新聞 平成13年1月3日付

5年連続　ベスト8　進出

圧巻の秒殺。しかし、後半息切れ。

2回戦では、開始から3分で得点を取って、
度肝を抜いたのに、
今度は、いきなり開始50秒で、右中間のラックから、
左へ急展開し、FB高田智嗣が目の覚めるようなトライを決めました。
実はラグビーの試合で、
開始1分以内のトライなどありえません。
それがまさに、秒殺の離れ技が飛び出したのであります。

その後も右中間のラックから、
CTB高倉が相手にユニフォームを引っ張られながらも、
そのまま、相手を体ぐるみ、引きずって走り、ディフェンス側が
「もうでけんごと」なった所でパス。
そのパスを受けたFB高田が、走って中央に飛び込んだのです。

今回もFWの重戦車を前面に押し出し、右中間のラックから、
ハーフ陣が右へ左へ、走り回り、開始8分で　3トライを上げ、
初戦で最多得点を記録したペースを上回る、
見事なワンサイドの試合展開となったのでした。

その後も佐賀工のFWの縦の突進と、バックスの素早い走りとパス回しでトライを取りまくり、
前半43―10とリードして、
後半戦も一気に押しまくるかに見えました。

しかし後半戦に入ると、キックオフから始まった東京の攻撃は、スピード感にあふれ、相手に常にボールをキープされたのであります。
佐賀工は前半戦と打って変わり、大苦戦の試合になってしまいます。

完全にボールを追っかけるだけの、流れになってしまい、どこかで流れを断ち切らないと、という焦りが佐賀工の選手たちに漂い始めます。

15分間、相手にボールをキープされながらの試合が流れて行きます。

パワー勝負で押しまくる試合を重ねてきた佐賀工は、相手ボールに振り回され、走り回られるという慣れない試合展開で、リズムが少しずつ狂っていきます。

だんだんスピードが鈍り、足の動きも重くなっていきます。
佐賀工は得意の重戦車とスクラムのパワー勝負で、
抜群の強さを発揮するのですが、
これほど、ボールを追いかけて走り回られるのは、かつて
経験した事がなかったきつさだったはずです。

相手のボールを追いかけるときは、
バックステップや後ろ向きの走りとなるため、遅くなり、
相手のスピードに負け、ますますリズムが狂ってきます。
息も上がってきます。

佐賀工に重苦しい空気が漂います。

上手な人ほど、自分のペースが乱されてしまうと
妙に崩れやすくなるのです。

ボクサーで言うなら、

パンチは、よく出るけど、打たれ弱い選手がいます。
それとは、正反対の存在、昭和40年代に花形と云うボクサーがいました。
名前は花形なのですが、とても打たれ強い地味な選手で、
相手から3発打たれると、一発反撃、又3発食らっても一発反撃、
そういう戦いを粘り強く続け、いつの間にか、チャンピオンになりました。

いつもヒーローインタビューでは、顔が腫れ上がっていました。
目も見えない位、打たれていたのです。

この試合の佐賀工には、まさに、打たれ弱い部分が出ていました。
弱いチームは、いつも相手から押し込まれ、バックステップ、バック走りを、
やらされているため、
練習にも取り入れるのですが、
強いチームはパワーで相手に圧力を掛けて
試合の流れをいつもリードしているため、
あまりバック走り、バックステップなどの練習はやりません。

チームの弱点がここぞという勝負どころでポロリと

出てしまう。それが試合なのです。

特に3年生は「オレがやらねば」の心意気、気迫、責任感が強過ぎて、押し込まれた時、意外にもろいのです。

試合の流れが悪くなれば、みんな落ち着きを失います。

体の動きも硬くなります。

ますます慌てて、チャンスを逃します。

重苦しい空気が漂う中、試合もいよいよ終盤にさしかかったところで、下級生たちが、奮い立ちます。

まず、2年生のＷＴＢ大坪弘明が、爆発的スピードで相手ボールをインターセプトし、そのまま見事なトライを決め、そして、同じく2年生のＣＴＢ佐古育也も立て続けにトライを決めるのです。

下級生は、まだオレが引っ張るの気持ちが薄いため、こんな緊迫した大舞台でも、それほど硬くならないのでしょう。

当然、相手のマークも薄くなります。

私は陸上部で、高校一年生の時、高校駅伝で

4区のエース区間の勝負どころを走ったのですが、
監督から「3人位なら抜かれても良い」と言われ、
気が楽だったのを覚えています。
結果として5人抜いたのは、
下級生でこういうふうに、プレッシャーを感じなかったからでしょう。

このトライのおかげで、重苦しい空気が断ち切られ、佐賀工フィフティーンは
落ち着きを取り戻すのであります。
その後も東京はスピードある攻撃で、トライを返していくのですが、
佐賀工が前半の大量のリードでやっと逃げ切ります。
下級生に助けられて勝ったとはいえ、
試合内容は雑で荒すぎて、今後に不安が残りました。

5年連続ベスト8は決めたものの、
全く後味の悪い、先行き不安が残り、
まさしく佐賀工の弱点をさらけ出した、反省だらけの試合だったと思います。

第80回全国高校ラグビー選手権大会

平成13年1月3日

準々決勝

佐賀工　22―19　東海大仰星

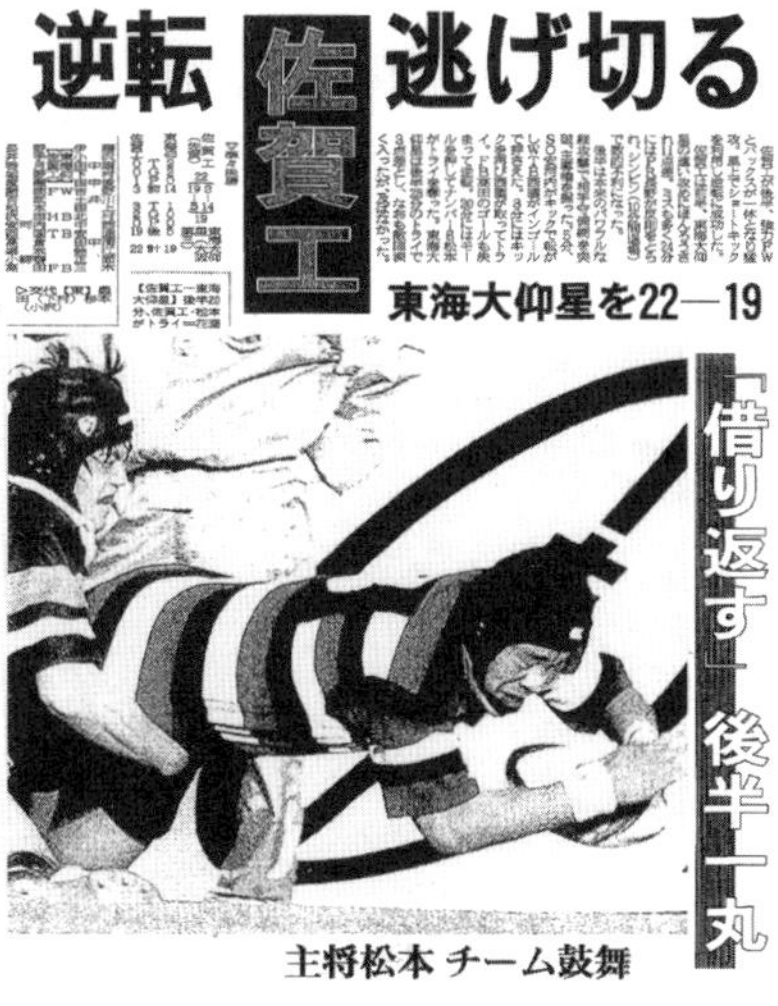
逆転　佐賀工　逃げ切る

東海大仰星を22―19

「借り返す」後半一丸

主将松本 チーム鼓舞

佐賀新聞 平成13年1月4日付

佐賀工は、2年連続の準々決勝進出となりました。
対する相手は、前年準決勝で負けた、
昨年の覇者、東海大仰星（大阪）です。
いやが上にもいちだんと気合いが入ります。

まさに、宿敵であります。
選手たちも対戦相手が決まった時から、熱くなっていたはずです。
前回、準決勝では、
ＦＷ戦で力負けしましたが、
今年の佐賀工は、最強で、最重量のＦＷです。
おそらく真っ向勝負の押し合いでは、
実力は互角、後は勝ちたいという気持ちが、どちらが勝るかという勝負になります。
試合開始のホイッスルと共に、
佐賀工は前半、得意の先制攻撃の速攻で
怒涛の攻撃を仕掛けるものの・・・
東海大仰星の速い動きと、うまさ、パワーに押し返され、
前半を3—14のスコアで、終えることとなります。

昨年、東海大仰星に準決勝で負けてから、
〝打倒東海大仰星〟だけを目標に、
日々の放課後練習はもちろん、
春休み、夏休み、冬休みも、学校に泊まり込んで、
合宿を張り、来る日も来る日も、
東海大仰星を倒す事だけをひたすら考え、
苦しく、きつい練習に耐えて来た一年でした。
これだけやってできたのだから、負ける訳にはいかないという思いが
選手を奮い立たせます。

ナンバー8松本が、「あれだけ全員で、きつい練習に耐えて来たのだから、
辛かった、苦しかった練習を思い出し、
心に刻みつけて東海大仰星に全身全霊をかけてぶつかろう」と
全員に話します。
ナンバー8の必死の言葉に全員の心が一つになりました。

そして後半開始と同時に、重戦車のFWがうなり声を上げ、
火の玉となって、真っ向勝負に打って出るのです。

昨年この花園で負けた相手です。
「何が何でもこの花園で勝つゾ」
目の前の東海大仰星に、選手全員が心の奥からメラメラと闘志をみなぎらせます。
仰星を倒す15人の気持ちが、
〝一点集中突破〟の魂となって、
持てる力を全部出し尽くしきるのであります。

まず、スクラムで押し込みます。
激しいディフェンスにあっても、真っ向勝負の火の玉となった正攻法でぶち当たって行きます。

セットプレーでも、だんだん押し気味になっていきます。
ＦＷ陣の前への圧力で、
バックスの動きが速く、大きくなってきて、
トライのチャンスが増えてきます。

そして、後半の風上を利用したショートキックも有効になってきます。
前半に11点差を付けられながらも、

後半はまさに15人の怒涛の総攻撃で
東海大仰星の守備陣を突破します。
SO安河内卓のキックをWTB西國が見事にインゴールで押さえ込んでトライ。
その後も立て続けに、西國がキックボールを拾って見事なトライを重ねます。
さらに、FB高田のゴールキックも、美しい放物線を描きつつ、
花園の大空へ吸い込まれていきます。

ついには逆転、その後もナンバー8松本もトライを決めます。
やがて残り時間も少なくなり、
これがダメ押しで勝負が決まったかに思われました・・・・。

しかし、ここからが勝負。終了間際に、魔物が出てくるスポーツという名のドラマ。
簡単には終わらないのです・・・・。

宿敵の仰星が昨年の王者の意地と執念のこもったトライを1本奪い返します。
もう1本、トライを奪われたらまさしく再逆転で、
佐賀工の負けになります。

佐賀工は全員で怒涛のごとく押し返します。
残り時間の1秒、1秒がとても長く、
遅く感じられます。

花園競技場の観衆からもいろんな声が聞こえてきます。
自分のひざを叩きながら、低い声で、大きな息を吐き出しながら、
「ソレ行け」と叫ぶ人・・・・。
自分の足を地面に踏みつけながら力いっぱい叫ぶ人・・・・。
仁王立の如く直立し、顔を真っ赤にして大声で叫ぶ人・・・・。
あるいは両手を腕組みして、無言で見つめる人・・・・。
また自分の顔の前に両手を合わせて祈っている人・・・・。
これこそ「声にならない声」でしょう。
様々な声が飛び交い入り乱れ、お互い何を言っているのか全くわかりません。
寒さにふるえるはずの冬の大阪の野外競技場が、まさしく熱気にあふれ、
異様な盛り上りです。
それいけ、ふんばれ、下がるな

グラウンドでは、仰星が攻め佐賀工も最後の力を振り絞って、

それを押し返しています。

体勢の低い見事なスクラムから、
力と力がぶつかり合って、必死に押し合っていますが、
互いに全く動きません・・・。

聞こえるのは、うなり声とマウスピースのきしみ音、
地面を踏んばるスパイクのきしみ音だけです。
とても文章では表現できないほどの魂がしびれて、
ほとばしる若人の息吹《いぶき》であります。

このぶつかり合いの魂に引き込まれた観衆は、
冬空の寒さの中でありますが、全員まさに、手に汗握る観戦、そして応援です。
残りあと5秒、4秒、3秒、2秒、1秒、そしてノーサイド。
終了のホイッスルは、観衆の大声にかき消され、
選手たちには聞こえませんでした。
レフェリーのジェスチャーで、やっと張り詰めた緊張がほどけ、

力が抜けます。

勝った方も負けた方も、選手全員が崩れるようにグラウンドに
座り込んだまま、無言で全く動きません。

何とか、きわどく3点差で逆転勝ちとなり、
準々決勝を切り抜けました。
佐賀工の最後まで仰星に勝ちたい、倒したいとの意気込みが、ついには
勝利を呼び込んだのです。
それは佐賀県スポーツ史に燦然と輝く、実にドラマチックで見事な試合でした。

試合終了後、佐賀工でラグビーがやりたいと
小城町の父の実家に移り住み、
じぃちゃん、ばぁちゃんに面倒を見てもらい練習に励んできた
大阪府出身の、ＣＴＢ堀本翔太に、
大阪のジュニアラグビー時代に一緒にプレーしていた、
幼なじみの東海大仰星マネージャーから、千羽鶴が渡されたのです。

高校ラグビーの強豪がひしめく近畿勢の代表から
日本一を頼むと言われ、
佐賀工の選手の熱い胸の内は、
どれだけ高まった事でしょうか。

第80回全国高校ラグビー選手権大会

平成13年1月5日

準決勝

佐賀工　31—31　仙台育英

今大会初の引き分けとなり、健闘をたたえ合う佐賀工、仙台育英の選手＝花園

夢の全国制覇 あと一つ

佐賀新聞 平成13年1月6日付

佐賀工は、2年連続の準決勝進出です。
ほとばしる情熱の試合はドロー、まさに甲乙つけ難し
引き分け抽選で決勝進出を果たします。

今回こそ先手必勝とばかりに、
ＦＷの突進力にバックスもスタートダッシュをかけますが、
逆に一気に押し込まれて、試合開始２分、
屈辱のトライを食らいます。

相手は世界ラグビーの王者の国、
ニュージーランドの留学生２選手を要するチームですが、
佐賀工もけっして負けていません。

点差はつきましたが、佐賀工の動きはいつもの通りです。ＦＷの素晴らしい
パワーと
ＢＫのスピードとがしっかりとかみ合った試合展開をしています。

しかし、さすが世界王者の国のＤＮＡを持つ２選手。
同じ高校生でも、パワーとごちゃー（体格）の作りが全く違います。
佐賀工自慢のＦＷも押され気味の展開です。

しかし押されながらも、

うなり声を発して、何とか踏みとどまります。

相手のパワーはケタ外れで、
佐賀工のＦＷの踏ん張ったスパイクがそのままフィールドの芝生ごと、
さらにフィールドの土ごと、引きずられ、
じりじりと押し込まれていきます。
未だかって見た事のないすさまじい光景です。

試合開始から、苦しい力勝負となりました。
佐賀工のＦＷのうなり声が、やがてうめき声へと変わっていきます。
相手の圧力にまさに全身全霊をかけ耐えています。

スクラムがほどけて、走りの展開になった時、
仙台育英のＬＯローゼンがボールを持って、一気に走り出しました。
かつて、日本の高校生が、２人掛かりでタックルしても、
止めきれなかったＬＯローゼン。

今大会どこの監督も、この外国人留学生対策で頭を悩まされておられました。
ローゼン1人を止めるのに、3人取られてしまいますので、
攻撃も防御も手薄になります。

名監督と称される伏見工の山口総監督は、
準決勝の相手、
トンガ出身の留学生を擁する埼玉工大深谷戦を前に
「体の大きい外国人をいかに止めるか、これは
日本ラグビーの永遠のテーマです。
今日は日本ラグビーの将来を賭けて戦います」
こう述べられていました。

再びLOローゼンの話に戻ります。今述べたように
パワーもスピードもケタ外れのLOローゼンです。
誰もが独走してトライにつなげると思って見ていました。

ところが・・・、とてつもないプレーが生まれます。
佐賀工LO渡瀬鉄也が渾身の力を振り絞り、

たった1人で
ローゼンを見事にタックルして倒し、
素早く立ち上がって、ボールを手に走り出し、
逆にトライを奪うのです。

花園の観衆からは、拍手と歓声が沸き起こります。

これが、大相撲の蔵前国技館だったら、
さしずめ座布団が舞い上がる事でしょう。

ここで少しLO渡瀬について、紹介しておきます。
見事なタックルと共に反撃のトライ、
身長190㎝でラインアウトの強力な要《かなめ》、
高校日本代表候補でもあります。
しかし、両肩に脱臼の癖があり、
いつも激痛を抱えて、
肩をかばうため、充分な練習と、
試合での結果が出せないでいました。

今回もやっとのことで先発入りを果たしました。

今回出場できたからには、絶対に
自分のせいで負けたくない。

まさに悲痛な思いでこの試合に臨んだのです。それが、見事なタックル、そして
トライにつなげるのでした。
佐賀工は準々決勝の、東海大仰星戦で苦戦した
反省から、何としてもリードして
前半を折り返したいと作戦を立てていましたが、
結果は12―19。

またもリードを奪われる苦しい戦いとなっています。
しかし、試合内容はナンバー8松本が相手選手に当たって、当たって見せる
前進への気迫が全員に浸透し、
点を取られているものの、佐賀工のスタイルの良さが
見事に発揮されています。

そして時間が進むにつれ、調子が出てくるようになった後半戦、
ＦＷの重戦車のうなり声とともに、ダッシュをかけますが、うまくいきません。
ズルズルと引き離され、たちまち14点差と苦しい展開となります。

ところが終盤にさしかかった所で、
２年生井手崇人の鮮やかなトライを皮切りに、ＦＷ陣が
怒涛の流れ込みを仕掛け、バックスも全員がフィールド一杯を走り回り
相手をキリキリ舞いさせます。

残り10分を切って、あと1トライ、１ゴールの24―31。
ついに
７点差まで追い上げます。

そして、残り４分、ゴール前で
こぼれ球をＳＨ澤田浩宝が拾うのを見た
ＳＯ安河内から「澤田、右」という声が響きます。

澤田が全力で走り、

前を向いたままで、
後方の安河内へショートパス、２人で繰り返し繰り返しで、
練習したプレーです。

相手の選手は、澤田がボールを持って走ると思って、
澤田にコンタクトしようとしますが、
全力で走ったまま、全く見ていない後方へショートパスを投げ、
それを安河内が見事にキャッチしてそのままゴールへ飛び込んだのです。

澤田と安河内は、いつも全体練習が終わった後、
このショートパスの練習を
繰り返し、繰り返し幾度となく行っていたのです。

ラグビーでは通常、パスをする時は必ず相手を見てパスをするものですが、
２人は顔も目も合わせず、
全力で走ってパスを行うプレーを、反復していました。

このショートパスは、相手の意表を突いて見事に成功し、
土壇場でトライを奪ったのです。

2人だけの日ごろの居残り練習の成果が、
本番で花開き、実を結んだのです。

まさに試合では、練習をやっただけ結果がでます。

ここで、とどめのゴールキックが決まれば、同点に追いつけます。

佐賀工フィフティーン、佐賀県民の期待と希望を
一身に背負ってボールがセットされます。
キックするFB高田の指が心持ち震えているように見えます。
高田は自分に言い聞かせたことでしょう。

いつも放課後の部員との練習後、居残りで
毎日毎日、何百本も蹴ってきたではないか、

雨の日も寒い夜も、暑い日も、
ナイターライトを照らしてもらって、
1人蹴り続けてきたではないか。

それも確実に成功させてきたではないか。

毎日、何百本と蹴ったではないか。

何万本と蹴ったではないか。

あれだけ耐えて、毎日何百本と蹴り続けたのに比べたら、
今日蹴るのは、このたった一本なのだから何てことはない。

いつもの通りポストの間を軽く通すだけ。
落ち着け、たった1本決めるだけだ!!

さぁーラスト1本

高田が軽くジャンプして、ステップを踏んで、
8歩をかけます。

いつものしっかりとしたリズムで、一歩一歩走り抜けます。
そして、右手を大きくスイング。軸足にしっかりと重心をかけ、
思いっ切り足をスイングさせます。

FB高田の足から思いっ切り振り抜かれた楕円形のラグビーボールは
衝撃のエネルギーをもらって、
芸術的なアーチを描きつつ、
佐賀工フィフティーンと佐賀県民の願いを乗せて、
冬の花園の大空へゆっくりと舞い上がります。
そして、見事なアーチとカーブを描きながら、ポストの間を通り抜けました。

土壇場でついに同点。

やっと勢いに乗った佐賀工は、
波状攻撃を仕掛けるのであります。

あのニュージーランドからやってきた最強の留学生をも
押しまくり、確実にゴールに向かって進んで行きます。

秒針の動きが気になります。
前回の試合の時は最後に押され気味だったので、
秒針の動きが遅く感じられたのですが、
今回は完全に押しまくっています。

だから秒針の動きも、心なしかとても速く感じられます。
あと、10mあと9m。
もう時間がありません。行け行け佐賀工。
あと8・5m、あと20秒、あと15秒、あと8m、
あと10秒、あと5m、あと5秒、あと3m、
そして、ノーサイドのホイッスルが冬空の花園に鳴り響きました。
引き分けではありましたが、

佐賀工の実力をすべて出し切った、悔いの残らない
見事な試合でした。

そして、決勝進出チームはくじ引きで決まることとなりました。
まず、予備抽選が行われました。
その結果、本抽選で先に引くのは仙台育英。
このくじ引きで、全国高校ラグビー選手権の、
決勝進出が決まる。
何と残酷な事だろうか？全員が固唾《かたず》を飲んで見守るなか、
決勝進出チームは幸運にも佐賀工に決まったのです。

第80回全国高校ラグビー選手権大会

2001年　平成13年1月7日

決勝

佐賀工　3—21　伏見工

佐賀工、健闘の準優勝

全国高校ラグビー　伏見工3度目V

後半逆転トライ許す

【花園で本社取材班】第八十回全国高校ラグビー大会は七日、東大阪市の花園ラグビー場で、佐賀工―伏見工の決勝を行った。二十九度目の挑戦で初の決勝進出を果たした佐賀工は3―21で敗れ、悲願の優勝には手が届かなかった。伏見工は八年ぶり三度目の頂点。

【佐賀工―伏見工】前半14分、佐賀工フランカー吉武が伏見工陣内に突進=花園ラグビー場

佐賀新聞 平成13年１月８日付

前回の大会で3位だった佐賀工は、
今大会の優勝候補と注目を集めながら、
決勝まで登り詰めてきました。
あと1勝すれば高校日本一。
そして、全国制覇。
佐賀県民の期待は、いよいよ高まります。
2001年、平成13年1月7日
午後2時5分、キックオフ。

我らが佐賀工は重戦車と呼ばれる、
強力、最重量ＦＷ。真正面から縦突進で
正月の花園を沸かせます。
小雪と氷雨が舞い落ちる悪コンディションの中、
決勝は始まりました。
できる事なら、冬空が晴れ渡ったグラウンドで、
思いっ切り日本一をかけた試合を見たかったのですが・・・。
これが高校野球だったら、雨のため順延となるのでしょうが・・・。

パワーの佐賀工か、ディフェンスの伏見工か、
戦うスタイルが全く違う両校がついに頂上決戦、
高校日本一をかけて戦います。

佐賀工は重戦車のＦＷが柱で
ＦＷ８人の総重量は伏見工を75kg上回る７５５kg。
しかし、ＦＷだけでは勝てません。
バックスの走力と、

毎試合厳しいゲームを救ってきたＦＢ高田のプレースキックのチャンスがあれば勝てます。

伏見工の守備力は完成されています。準決勝では、埼玉工大深谷のトンガパワーを完全に封じ、ＦＷは運動量で勝負してきます。鋭いタックルも持ち味です。

決勝の伏見工戦は、小雨そして氷雨が舞い落ちる悪コンディションのもとで行われました。気象条件的にはお互い同じではありますが、九州育ちの佐賀工生には、やはり厳しい寒さだったと思います。

何度かチャンスボールを掴むのですが、手がかじかんでボールを落としてしまう場面が目立ち、本当にはがゆい状況が続いていきます。

前半は、雨と寒さから、お互いボールが手につかず、ノックオンが目につき、
なかなかパスが繋がりません。
一進一退の攻防が続きます。

しかし、前半16分、佐賀工にチャンスが訪れます。
百武の右サイド突破から左へ展開したところ、
ゴール正面で伏見工が反則を犯し、ペナルティーゴールのチャンスを得ます。

キッカーは不動のＦＢ高田です。

連日、ここぞという時に見事なペナルティーゴールキックを
決めていますので、花園の観衆からもひときわ大きな拍手が起こります。

が、しかし、ボールを立てる指がいつもとは異なっています。
今日は寒さで手がかじかみ、うまく動きません。
ボールをセットして、例によって8歩の間合いを取ります。

しかし今日は、いつもの歩幅の寸法より25㎝短くなっています。
最悪なコンデションを頭に入れた変更です。

今日のような最悪のコンディションも想定しながら、
毎日毎日キックの練習を繰り返してきた高田です。

雨の日もしっかり練習を行った事で、
身に染み込んだ、状況に応じた助走の寸法は、
少し蹴ったぐらいでは覚えられません。
何万回と繰り返すなかで、やっと体が覚える動きなのです。

いよいよ足の位置が決まりました。

リズムの取れた軽いジャンプの走りでスタート、
冷たい水しぶきが右、左とはねます。

リズミカルで、ゆったりとした走りです。

観衆の中には、小さく手拍子を打つ人も見られます。

ゴールキックの成功率は角度、ポジションなどの
条件で変わりますが、
平均すると野球のバッター打率と同じ3割弱の成功率です。
つまり、決して易しいプレーではないのです。

ボールの手前42㎝の地点で高田の軸足がガッチリと
フィールドの地面を掴みます。
そして、思いっ切り足をスイングさせ、
上体と腕をしっかり横へ振り回しながら、
渾身の力を
足に注ぎ込み、ボールを蹴ります。

高田の強烈なキックによって反発で飛び出した、楕円形のラグビーボールは、
変速的な回転運動をしながら
花園の曇り空へ向かって

見事なアーチを描いて行きます。

佐賀工フィフティーンの、
そして佐賀県民の「入れ!!」という熱い思いが乗り移ったボールは
ゴールポストへなめらかで、ゆるやかなカーブを描きながら、
そして見事に入ります。

高田の見事なキックで
佐賀工3―0伏見工で前半を終えることができました。
残るはあと30分、このまま行けば日本一。
佐賀県民の期待はいよいよ高まります。

この緊迫した場面をひときわ鋭い眼光で
見つめている人がいました。
公務多忙にもかかわらず、いつも高校生たちのスポーツを応援されている
井本勇知事です。
準決勝を県庁知事室でテレビ観戦された後、
居ても立ってもも居られず応援に駆けつけられたのです。

3—0のリードで後半を迎えますが、ここで風が出てきます。

3点リードしているものの、風下に回った佐賀工には、嫌な予感が漂います。

セットプレーからサイド攻撃を仕掛けますが、伏見工の鍛えられたディフェンスに止められます。

今大会屈指の突破力を誇るナンバー8松本らのFW陣がボールを拾っては突っ込みますが、

伏見工の鋭いタックルに前へ進めず、ボールは横へ、あるいは斜め後方へ移るだけで、なかなか前へ進めません。

それでも佐賀工は執拗《しつよう》にFW戦に持ち込み、自分達の信じるラグビーを貫いて行きます。

得意の密集サイドでの縦へ突進を図るのですが、伏見工の鋭いタックルにことごとく封じられます。

そこから、風上を利用した伏見工は怒涛の攻撃を仕向けてきます。
中央10メートルの密集から抜け出たインゴールへのパントボールを、
伏見工ＷＴＢ吉田が飛び込んでトライ
その後もタッチキックを決められ、追加点を奪われました。
佐賀工は最後まで粘り強くＦＷ戦に挑んでみますが、
相手陣内へなかなか進めません。

氷雨が降る肌寒い冷気の下、
選手のスクラムを組んだ時、
背中からジャージを通して白い湯気が立ち上がります。
まさに青春の息吹、ほとばしる情熱です・・・。
もがいても、もがいても、あるいは走っても、走っても佐賀工は、前に進めず、
ズルズルと相手に押し込まれてます。
やがて、小雪とみぞれ雨に体力が消耗し、
足元も悪く、実力を出し切れないまま、
時間だけが過ぎて行きます。
結局は伏見工の組織的な守備によって、

自慢の重戦車ＦＷの真正面からの攻撃が封じられて、
3―21でノーサイドとなり、
佐賀工は準優勝に終わりました。

ここで相手の伏見工について少し説明しておきます。
ラグビー高校日本一に3度輝いた名門校です。
しかし、過去には負の歴史もあります。

同高は以前、学校が荒廃し大荒れに荒れまくっていた学校でした。
当時赴任された山口監督が
体を張って真正面から荒れまくっていた生徒たちと向き合い、
彼らを見事に立ち直らせたのです。
この実話が話題となり、テレビドラマ、映画
〝スクールウォーズ〟のモデルにもなりました。

当時の伏見工のことを振り返ります。

花園高との一戦。結果は屈辱のゼロ殺し0—112。
試合展開を見ていた熱血漢の山口監督は、情けなくて涙がこぼれていました。

それなのに引き上げてくる選手達は誰1人、悔し涙を流していませんでした。
それを見て、残念でまた涙が流れました。
「悔しくないのか!!悔しいと思わないのか!!歯がゆくないか!!」

すると、キャプテンのナンバー8が
「悔しいです」とポツリ。

やがて他の選手たちも「悔しい」を口にして次々と涙を流し始めます。

屈辱のゼロ殺しを食らって、見栄も恥も吹き飛んでしまったのです。
失う物は何もなく、まさにやぶれかぶれのどん底からのスタートとなったのです。
ここから彼らの心のなかに、すごみと強みが出てきます。

これをきっかけに選手たちは本気で走り出し、
大声も出始めるなど選手もチームも成長していきます。

そして翌年、前年にはゼロで殺された花園高に見事に勝ち、
今度は選手たちが山口監督を囲んで
思いっ切り大声を出して、うれし涙を流すのです。
前年の悔し涙とは、正反対の光景です。

伏見工のラストマッチは（後に明らかにしますが）
２０１８（平成30）年に行われた春の総体でした。
県予選決勝では０―41と負けていた京都成章に
前半７―０でリードしていたのですが、
後半トライを奪われてロスタイムに突入。結局は、力尽きて14―22で敗れます。
最後の花園キップを逃した名門校伏見工のノーサイドでした。
選手たちの涙、拍手を送る伏見工の応援団、
伏見工の名前が消える理由は、
どこの高校にもある少子化による、学校統廃合でした。全く無念です。
スタンドで見守った山口良治総監督は、最後にポロリと涙を流しました。

花園でもう伏見工の校名を聞くことはない・・・・。
何と淋しい事でしょう!!

この有名な山口総監督と永年にわたり親交を深めてきたのが、
元佐賀工野球部監督の吉丸信氏です。

山口総監督は吉丸監督の招きで何度も佐賀へ来られております。
私はこの高校ラグビー日本一をかけた頂上決戦の時、吉丸氏が
どちらを応援されたのか、気になっていました。

後日、ＪＡ共済連の講演会で吉丸監督が講演され、
終わった後、質問の時間がありましたので、早速
「ラグビー高校日本一をかけた試合の時
佐賀工、伏見工どちらを応援されましたか？」と聞いた所、
あのいつも自信に満ちたいかつい顔が、とっても困った表情に変わりました。
そしてニコッと笑われて
「馬場さんらしか厳しい質問ですね」とおっしゃった後に
「私の周りが佐賀工で熱くなっていましたので

一緒に盛り上がり、工業、工業と叫んで手をたたきましたヨ」との事でした。

私は「山口監督との男の友情はどぎゃんなったとね」と
とどめの質問をしたかったのですが、
そんな吉丸監督の顔を見たら、とても聞けませんでした。

私が「先生、ラグビーは紳士のスポーツ。相手を尊敬する、褒めるのが、
ラガーマンの基本らしかですヨ」と言ったら
あの困った顔がいつもの顔に戻り
「これこそノーサイドやネ」と一言。で2人握手をして終わりましたが
私は、この後意地悪な質問をしてしまったと反省しました。

最後に、佐賀新聞に投稿された
佐賀工全国大会決勝にまつわる文章を
ご家族、そして佐賀新聞社の承諾を得て、
原文のまま、ご紹介致します。

COLUMN

佐工ラグビー部ＯＢも金メダル

神武　悌（厳木町）

全国高校ラグビー決勝戦、応援バスに参加した2日間の事です。深夜に出発し翌日観戦後、夕刻には帰路につく強行スケジュールですが、ラグビー部ＯＢの若者で満員です。同行する息子は車いすが必要であり、トイレや食事のことを考えると参加をためらった私でした。

が、バスに乗った途端、その心配は消えました。

みんなが息子に対する、目でのあいさつ、肩をポンとたたく、笑顔で声をかけるなど、心の通うＯＢの絆が感じられます。

「トイレに行こうか」とひょいと背負って行ってくれ、欲しい物はすぐに調達、甘える息子に「当然だ」という態度で接してくれる若者とその嫁さんたち。

皆の言葉やしぐさは優しい思いやりにあふれ、感謝するばかりです。

バスを降りると冷たい雨、さっと車いすが用意され、傘をさしかけ、毛布をひざへと、手際良い気配りが自然にされます。
観客席は階段ばかり。
さすが元ラグビー部。苦もなく背負うと見やすい場所へ、
いつしか甘えている私でした。
　応援に行くと言った息子をいぶかった自分を反省し、
素晴らしい友人を持っている息子をうらやましく思います。
普段より心優しいであろうこの若者たちが、今日の佐工ラグビーを
支えていると思います。佐工は準優勝で終わりましたが、
佐工ラグビー部ＯＢの若者たちも金メダルです。

神武　愛貴（こうたけ　なるたか）
平成25年８月24日　享年40

合掌

COLUMN

父　神武　悌（平成30年2月20日　急逝享年75）

万感の想いを込めてここにラグビーをこよなく愛した神武　悌氏を偲びご紹介します。

1980年代の当時、佐賀市内を中心に中学生が荒れまくり、学校の校舎や体育館、トイレの窓ガラスが割られる事件が頻繁にあっていました。

情熱家の神武氏は、ラグビーを通して

青少年の心身の鍛錬を目的として、
厳木山の子少年ラグビークラブを立ち上げられ、
全身全霊をかけて子供たちと向き合って
ラガーマンとしての人間作りに情熱を傾けられました。

彼は会社勤めをしながら、夕方からラグビー教室で子供たちの指導を行い、
それが終わったら実家の魚屋で夜遅くまで後片付けを手伝い、
デッキブラシの掃除を行い、
最後に出刃包丁、刺身包丁を研いで、
深夜家に帰り着くという日々を過ごしていました。
刃物を研ぐのは、〝心を磨く〟と昔からよく言われた言葉ですが、
神武氏は、一日の仕上げをここでしっかりと納められました。
本当に自分に厳しく、けじめのある人だと感じます。
実家の魚屋は、二代目を彼の姉2人が切り盛りしていましたが、
なにせ、年齢には勝てず、
だんだんとお店も細まって行き、
後継者もおらず、ついにお店をたたむ事になりました。
近所のお年寄りの人たちが

買い物難民になられる事を
とっても心苦しく思われた神武氏は、
恩返しの意味で魚を並べていた店内を全部片付けて、
大きなテーブルを作り、イスを並べて、
近所のお年寄りの人たちの憩いの場として提供されました。
今まで利用して頂いた近所のお年寄りの人たちの事を思う、
優しい心配り、そして心の美しさに頭が下がります。
私も商売しており、
不況、売上げ不振の辛さは骨身に感じていますので、よく分かります。
普通の人はこの苦しみに耐えるだけで精一杯になり、
とても他人様の事など、心配できません。それでも優しさを失わなかった
神武氏の人間性にただただ頭が下がります。

再び厳木山の子少年ラグビークラブの話に戻ります。
魚屋を整理した後、神武氏は
厳木山の子少年ラグビークラブに
いちだんと情熱を注ぎます。そして、大きな成果を生んでいきます。
まず、一期生の中から、

たくましく育った原口一生《かずお》君が
佐賀工に進学、
しかも見事にレギュラーを取って花園出場を果たします。
原口君のお父さんのサポートを受け、
少年ラグビークラブもだんだん
ジュニアラグビークラブらしくなってきます。

それから数年後、
今度は金井田親子が厳木ラグビークラブに入部してきます。
金井田君のお父さんは、ラグビーの経験は全くありませんでしたが、
走るのだけは得意だったので、
高学年生と練習の時いつも３０００ｍを一緒に走っていました。
厳木のチームは、みんなスタミナがすごいと
相手チームからほめられていたとの事です。
その後も神武氏のラグビーに対する情熱に引き込まれて、
コーチの研修等にも積極的に参加して、
このラグビークラブがだんだん盛り上がっていきます。
他の父兄さんたちも少しずつやり方が分かってきて、

何かとお手伝いをされるようになり、
まさに地域に根ざした確かな基盤を持つ立派な少年ラグビーチームが出来上がっていきます。

そして金井田大樹君も

佐賀工へ進学、2年時より見事にレギュラーを勝ち取りました。

小学3年から父と目指した花園への道が見えてきたのです。

しかし、金井田君は佐賀工では自分のパワー不足、スピード不足を痛感します。

これを克服するため、学校での練習が終わった後、

自宅で毎晩遅くまで父の手を借りながら、

筋肉強化に努めました。

さながら昭和の時代大ヒットした「巨人の星」を地で行くような、

親子鷹の生活を過ごしたのです。

3年生となった春先から、練習に一段と気合いが入ります。

筋力も走力も見違える程アップして、

11番ウイングのポジションをしっかりと固めます。

3年生最後の花園へ向けて、

いよいよ気合いが高まってきます。

ところが、地区大会シーズン開幕と同時に、思わぬアクシデントの
左足首靱帯の剥離骨折です。
無念の松葉杖。
花園で伏見工と優勝戦を戦う夢のような
好カードの試合を、無情にもスタンドで父と一緒に応援する親子の姿に変わるの
であります。
それはどんな心境だった事か、察するに余りある無念極まりない事です。
それでも父と息子が、ラグビーというスポーツで共通の思いを持てたのはすばら
しいことです。
男冥利《みょうり》に尽きるとはこのことでしょう。

自分の息子が車イスでの応援、
そして小学3年生から
手塩にかけて大切に鍛えた教え子金井田君が、
レギュラーの座を手に入れながら大ケガを負い、
日本一の晴れ舞台の決勝戦をスタンドで見学することになるとは。
神武氏の心はいかばかりだった事でしょう。それでも彼は最後まで愚痴もこぼさ

ず周りに感謝を伝えました。
まさに男の鏡だと思います。

ラグビーを通じて、
社会に貢献出来る立派な人間を育てたいという強い信念を貫いた、彼の生き様は
人生の荒波を思い切り被りながらも優しくあり続けた男の美学そのものであり、
彼の残した言葉は、生きてきた軌跡から生まれた
本当に地に足の着いたものだと思います。

こんなに力強く温かな指導者から鍛えられた若者は、
どんなに過酷の状況に出合っても力強く生きて、
社会に貢献出来る人生を送る事が出来るはずです。

神武悌氏は、ラグビーを通して、
青少年の心身の鍛錬を目的として、
ラグビー教室、クラブを運営して
スポーツを

そしてラグビーをこよなく愛した人でした。
神武悌氏のご冥福を心からお祈り申し上げます。
平成30年2月20日　享年75

合掌

COLUMN

「ノーサイド」

佐賀工が九州で一番の宿敵として戦った、
大分舞鶴高校の話をします。

県立の進学校でありながら、見事に文武両道を貫いている高校です。

全国高校ラグビー選手権大会には
33大会連続出場を誇り、
優勝1回、準優勝3回、
チームカラーのラガージャージシャツは上下黒色で、
ラグビー王国ニュージーランドと同じデザインです。
1984年（昭和59年）1月、
全国高校ラグビー選手権大会の決勝戦、
大分舞鶴高校対天理高校
大分舞鶴高校は試合終了直前にトライを決めて2点差まで迫りました。
ゴールキックが決まれば同点となり、
両校優勝となる緊迫した場面です。

大分舞鶴高校キッカーはキャプテン福浦孝二。
福浦は会場全体から注がれる視線を痛いほど感じます。
会場の観衆が、固唾を飲んで見守ります。
ボールをセットする指が少し震えています。

いろんなアスリートが居るでしょうが、
こんな緊迫した場面でゴールキックを蹴る事が出来るのは、・・・
まさにアスリート冥利《みょうり》に尽きます。
心理的にはきついでしょうが、それだけこの日の為に、
このような場面の為に、
しっかりと練習をしてきています。

このボールを蹴る一瞬の為に、
この3年間どれだけ苦しんだ事か、
あと1本、このゴールキックを決めれば、
全国高校ラグビー選手権大会の優勝

まさに最後ラスト1本、
福浦はこの試合フルタイム戦い走り回っているので、
相当足に疲れがたまっていました。
ボールに向かって8歩の助走をかける時、
走りのリズムが少し重く感じます。

そしてグラウンドコンディションも悪く、
今までのキックより少し軸足がのめり込んだ分、
キックのつま先がぶれて、ボールは
無情にも外れた軌道を描いてしまうのです。

観客から大きなタメ息が聞こえます。

ラグビーボールが軌道を外れて遠ざかっていくなか、
無情にも試合終了のホイッスルが鳴りました。

そのホイッスルと共に、
冬の大空高く浮かび上がったラグビーボールの描いた軌跡は、
後に歌手の松任谷由実さんの名曲「ノーサイド」のモチーフとなりました。

この曲は、見事なピアノ曲の旋律《せんりつ》で、
ラグビーファンの切なさを乗せた、

美しくも儚《はかな》いメロディーとなって、
スポーツファンの域を超えて、
日本中に流れ、そして愛され、
昭和の名曲として今も、聞き継がれています。

第2章

番外編

宗雲兄弟対戦

第38回全国社会人ラグビー選手権大会

昭和61年1月

花園ラグビー場

準決勝　九州電力　VS　トヨタ自動車

第39回全国社会人ラグビー選手権大会

昭和61年12月

東京・秩父宮ラグビー場

1回戦　九州電力　VS　トヨタ自動車

第38回全国社会人ラグビー選手権大会

昭和61年1月

花園ラグビー場　準決勝

九州電力　10―24　トヨタ自動車

宗雲兄弟対戦試合

トヨタ 8年ぶり栄冠

神鋼を終始圧倒、12―3

日本一かけ慶大と対決

FW戦押しまくる

全国社会人ラグビー

第三十八回全国社会人ラグビー大会最終日は六日、東大阪市の花園ラグビー場で決勝を行い、トヨタ自動車（東海・北陸）が12―3で神戸製鋼（近畿二区）を下し八年ぶり三度目の優勝を飾った。社会人の覇者トヨタは十五日、東京・国立競技場での第二十三回日本選手権で、大学チャンピオン慶大と日本一をかけて対戦する。四チームの対戦は第六回（昭和四十四年）以来十七年ぶり二度目。

【トヨタ自動車―神戸製鋼】後半13分トヨタ、神戸製鋼ゴール前のモールからFW塚本が飛び込んでトライ＝花園ラグビー場

ハイライト

「どこにも負けぬ」

神鋼に見事雪辱

猛練

佐賀新聞 昭和61年１月７日付

（兄）宗雲　源成（そうぐも　げんや）
昭和33年9月20日生
九州電力ラグビー部　4番（LOロック）

（弟）宗雲　克美（そうぐも　かつよし）
昭和36年6月20日生
トヨタ自動車ラグビー部　8番（NOエイト）

佐賀工業高校時代、大久保監督に鍛えられた宗雲兄弟、
現吉野ヶ里町（旧東脊振村）出身の
二人の所属するチームが順調に勝ち上がって、社会人となり初めて、
全国大会の晴れ舞台で相まみえる事となりました。

二人は一流のスポーツマンには付き物の
古傷の痛みを少しでも和らげようと、
試合前に花園ラグビー場、スタンド内にある救護室で、
痛み止めのテーピングをするために準備をしていたのです。
兄の源成は膝の前十字靭帯損傷。
弟の克美は肩の脱臼。

一般の人だったら、ギブスで固めて入院でしょうが、
さすが共にラガーマン、とにかく我慢強いのです。

偶然、ベッドの所で、兄弟が隣り合わせとなりました。
試合前であり、また対戦相手であったため、
特に言葉は交わさず、目を合わせる事もなかったのです。

兄の源成が弟の克美にエールを送る意味で低い声で
「とうちゃんが佐賀から見に来といな」とだけ下を向いてつぶやいた。

佐賀を離れ、遠い都会で暮らす弟に、
この兄のさりげなくささやいた言葉が、
まさにラガーマンのつぶやきであります。

テーピングが終わる頃、新聞記者たちが宗雲兄弟が
ベッドの隣り合わせに居る事に気付いてしまい、
さっそく翌日の新聞にそのことをネタに〝兄弟対決の前に二人は火花をバチバチ
散らしていた〟という記事が載ることになったのです。

この試合の後、父の宗雲勉氏に、
「どちら側のスタンドに座った？」と聞いたところ、
「九電の方たちと面識があったので、
九電側に座ったもののとても見とられんやった」
との事でした・・・・。

佐賀工時代共に花園を経験しておりますが、まさかこんな形で兄弟がラグビーの聖地で再び戦うとは夢にも思わなかった事だと思います。

第39回全国社会人ラグビー選手権大会

昭和61年12月

東京・秩父宮ラグビー場　1回戦

九州電力　7―19　トヨタ自動車

九電、トヨタに惜敗

全国社会人ラグビー　東芝も順当勝ち

第三十九回全国社会人ラグビー大会は二十日、16チームが参加して東京・秩父宮ラグビー場で開幕した。第一日は1回戦8試合のうち4試合を行い、二連覇を狙うトヨタ自動車（推薦）東芝府中（東京2区）のシード勢と日新製鋼（中国）ワールド（近畿1区）がそれぞれ勝ち、準々決勝に進んだ。

トヨタはFW戦で九州電力（九州1区）に苦しみながらも少ないチャンスを生かして3トライを挙げるなど19―7で振り切った。

東芝は本田技研（東海北陸）と対戦、FWの押しにものをいわせてトライを重ねるとともに堅い守りを見せ22―0と完封勝ちした。

日新は走力で山梨教員（関東1区）を上回り、平山の2トライなどで20―9で勝った。山梨とともに初出場のワールドはスクラムでアジア共石（四国）を圧倒、東田の2トライなど4トライを奪い、18―3で勝った。

【東芝府中―本田技研】後半30分、東芝府中、左ラインアウトから出たボールをFW佐藤が持ち突進＝秩父宮ラグビー場

▽1回戦
トヨタ自動車（推薦）19（10―0／9―7）7 九州電力（九州1区）

九電 0000 TGP前 1017 TGP後 7
トヨタ 2100 10 1119 計19

トヨタは前半2分、田村のオープンパントをバウンドよく拾い上げた国定が20メートル走り幸運なトライ。20分にもライン参加の赤山が一直線に鋭く抜けて押さえた。

ところが、トヨタは前半風上ながら、この場面を除きほとんど押しまくられる始末。石坂のFWがばらばらで、まとまりのいい九電FWに当たり負けしラインアウトも取られるなどピリッとしなかった。

前高　岩村山倉熊野田岡野内藤須
古日　東　宗西染岩川姫内片長川吉江
【九電】FW　HB　B
【トヨタ】F　HT　FB
角山田村本村健宗　井定木村川山
江　南
八尾池東塚竹安宗　新国村田中赤
▽交代【ト】斉藤（杉木）

佐賀新聞 昭和61年12月21日付

2年連続して兄弟対戦となったのです。
この試合中、一度だけ兄弟が接触する場面がありました。
九電10番SO内田浩孝（佐賀工出身）のキックオフしたボールを
克美がキャッチした瞬間を狙い、
源成が猛然とタックルにいったが、
僅かなタイミングで克美にかわされてしまいました。

この一瞬のプレーがきっかけとなり、
源成はこの試合を最後に現役を引退しました。
試合後、九電の宿舎ホテルの監督室で、
「弟に仕掛けて負けた時が引退と決めていた」と伝えたそうです。

トヨタ自動車は2年連続全国社会人ラグビー選手権大会で優勝を成し遂げました。

そのトヨタ自動車でナンバー8を背負って戦った
宗雲克美。地元佐賀から18歳で単身名古屋へ赴き、

まさに日本一きつく、厳しい練習を耐え抜き、
親にも兄弟にも言えない程の苦労を重ね、
全国社会人ラグビー選手権大会での優勝という栄光を手に入れたのです。

年を重ねた今、彼の脳裏に去来するのは、
故郷の脊振山か田手川か、あるいは幼い頃
兄にラグビーボールの握り方を習って、懸命にパスの練習をした事か、
はたまた佐賀工時代に鍛えてもらった大久保先生なのか、知る由もありません。

スポーツの中のスポーツ、
まさしく「キング・オブ・スポーツ」と称するにふさわしい、
ラグビーフットボールで最高の頂点を2度極めたチームで、
ナンバー8を張った男。
昭和の時代の出来事ではありますが、彼の栄光は今もなお全く色あせていません。
改めて、佐賀県出身、宗雲克美選手に佐賀県民として、
またスポーツファンとして、心より拍手を送りたいと思います。

もう一人紹介したい選手がいます。
地元、神埼市出身
松園正隆選手です。
サニックスにて、ラガーマンとして、
海外遠征も含めて、
43歳まで現役を貫いた男。
「佐賀工業高校時代、小城監督の厳しい指導を3年間耐えた事が、
自分の誇りであります。」との事です。

第3章

第8回ワールドカップ
イングランド大会

平成27年9月～10月

日　本　VS　南アフリカ

日　本　VS　スコットランド

日　本　VS　サモア

日　本　VS　アメリカ

第8回ワールドカップ
イングランド大会
平成27年9月19日

ブライトン

日本　34－32　南アフリカ

新時代開く逆転

終了間際 スクラムに懸け

佐賀新聞 平成27年９月21日付

ラグビー発祥の地
英国南部ブライトンで一次リーグのB組。
初戦でいきなり過去2度ワールドカップ優勝している
強豪南アフリカと当たり、
34—32で見事大逆転勝ちし、歴史に残る大番狂わせを起こしたのです。

ほとんどの日本人が初めて聞く英単語が、

「ジャイアント・キリング‼」で、

世界中のラグビーファンそしてスポーツファンの人たちが
大金星と讃えた言葉でした。

日本はワールドカップで2引き分けを挟んで16連敗中でした。
それが第2回大会（1991年）でジンバブエに勝って以来、
実に24年ぶりに2勝目を挙げたのです。

それでは、この紳士のスポーツ、ラグビーの
最高のチームで決める戦い、ワールドカップでの日本チームの活躍を

当時の実況中継で振り返ってみたいと思います。

日本選手たちは、低いタックルを繰り返し、起きてはすぐボールの密集地へと素早く走り回りました。

日本の弱点である、小柄な体を運動量で相手を上回り、走り勝ちしたのです。

ワールドカップは、1995年プロ化が容認されて、世界のレベルが一気に上がり、1995年の同大会で日本は17―145の屈辱的な敗北を喫したのです。その後も世界との差はなかなか縮まりませんでした。しかし2012年ジョーンズ監督が就任してからは状況が一変します。外国との差を縮めるのは練習しかないと、代表チーム全員を集めて長期合宿を繰り返し、夜明けから夜中まで猛練習を課し徹底的に鍛え上げました。

FB五郎丸歩（佐賀工出身）は、「この大会を振り返ると、厳しい練習で体に染みついたものが出たと思う」と表現しました。

試合前日の宿舎で、

4年間合宿練習で苦しんだビデオを全員で見て、気合いを入れたとの事でした。

競技開始のホイッスルと共に、

日本チームは怒涛の攻撃を仕掛けます。

大会前は、たびたび夢の中にキックの場面が出て来て、

緊張して蹴れないかと思っていたのが、

試合に入ったら楽しく、そしてリラックスできたのです。

今大会9度のゴールキックのチャンスに7度成功したのです。

圧巻は22―29で迎えた後半28分、

味方がパスでつなぎ崩したのを見てラインに参加して勢いよく走ってトライ。

直後の右サイドラインぎりぎりの位置から、難しいゴールキックも

見事に決めました。

激しい攻防を両軍繰り広げながら、試合はもつれていきます。

英国ブライトン・コミュニティ・スタジアムの観衆は、果敢に攻め、そして走り回る、日本ラグビーチームの敢闘精神に釘付けとなります。

世界ランキング3位の強豪南アフリカとの試合は、残り10分を切り29―32とわずかにリードされていますが、大接戦が続き、そしてラストシーンでキックのチャンスがめぐって来たのです。

ここで五郎丸のキックで同点となれば、ドロー引き分けです。まさに最高の幕切れ、そして引き分けの場面です。

ところが、日本チームは引き分け逃げ切りのキックではなく、あくまでも勝利を求めるプレーを選択しました。

体格ではおとる小柄な日本選手ではありますが、まさに敢闘精神を前面に出してのパフォーマンスであります。スタジアムはざわめき出し、そして一気に盛り上がりを見せます。

世界ランク3位の南アフリカに
世界ランク12位の日本が捨て身の戦法で真っ向勝負に打って出たのです。
ここで、一気に押し込み、たたみ込まなければ、小柄な日本は潰され、そして負けます。

残り時間もこのロスタイムを残すだけ、
引き分けを捨てた日本は、ただひたすら勝つか負けるかの捨て身の戦法で勝利を信じて攻めまくります。

英国ブライトン・コミュニティ・スタジアムは
ニッポンコールが沸き上がり次第に大きくなります。

スタジアムの大観衆を味方に付けた勇敢なる我が日本は、
体格の差をものともせず一進一退の攻防を繰り返しながら、
最後のプレーにもつれ込みます。
そして、終了直前にカーン・ヘスケスの見事な逆転トライで勝利をもぎ取ったのであります。

この試合24得点を挙げた五郎丸は、
「この4年間全員でしっかり練習に打ち込んだ結果です。
仲間を信じてやってきて、本当に良かった」と話しました。
ラストの苦しい時間帯でも、
運動量と走りのスピードは全く落ちる事もなかったのであります。
それは4年間、まだ暗い早朝から夜遅くまで、
エディー・ジョーンズ監督の下、
練習に明け暮れた頑張りが、ここで一気に爆発したのです。
まさに猛練習の賜であります。

今の日本チームは、地力とスタミナがケタ違いに強いのです。
対戦相手の南アフリカの新聞でさえも、
命がけでタックルした日本代表を「勇敢な桜たち」と称し、
ラグビーファンの記憶に永遠に残る勝利だと称えました。

ＦＢ五郎丸はワールドカップ初出場ながら、
持ち前の正確なキックや素晴らしいトライで

個人最多の24得点をたたき出す大活躍で、
世界にＦＢ五郎丸の実力を見せつけました。
地元佐賀県ラグビー関係者のみならず、
世界中のラグビーファンの度肝を抜いたのです。
まさに桜のジャージが躍動し、輝いた試合でした。

ジャイアント・キリング

ラグビーワールドカップで日本の歴史的大金星でした。
スポーツの中で日本人には体格的に不利と言われるラグビーですが、
その体格的ハンディをスピードと練習量で身に付けたスタミナを武器に見事に
克服したのです。
その結果、世界の強豪の一角に食い込むことが出来たのです。
後は強豪のグループから、振り落とされないように、
しっかりと練習と準備を行って、
来る２０１９年９月のワールドカップ日本大会に備えてほしいと当時、率直に

思ったものです。
頑張れば、ラグビーファンもますます増えるでしょう。
日本で昔からある言葉〝柔よく、剛を制す‼〟
そうなって欲しいと願ったものです。

小さな体で大きな相手に勝てば、誰もが夢中になります。
ジャイアント・キリングがまぐれでなかった事を、
ワールドカップ日本大会で見せてほしい、と心の中でつぶやいたことが
つい昨日の事のごとく思い起こされます。

第8回ワールドカップ
イングランド大会
平成27年9月23日

グロスター

日本　10－45　スコットランド

勢い及ばず 8強正念場

中3日、欧州の難敵に屈す

佐賀新聞 平成27年９月24日付

話題を再びワールドカップに戻します。
強豪南アフリカ戦で完全燃焼した日本についての海外メディアの記事は、中3日の試合に疲労がたまっているのを心配するものばかりでしたが、日本チームは欧州遠征の際一週間で3試合を戦った事のあるチームなのです。

したがって選手たちは体がきつい中での試合は幾度となく経験しているとだけ話し、何も言い訳はしませんでした。

しかし、あれだけの死闘を展開したチームです。
疲れが3日位で抜けきる訳がありません。
勝ったのはスコットランドでしたが、
観衆のハートを掴んだのは日本でした。
見出しは、「ブレイブ・ブロッサムズ、
—勇敢な桜の戦士。」

点差は開きましたが日本は最後まで走り切りました。
実に見応えのある引き締まった試合でした。

そのスコットランドとの試合を振り返ります。

日本チームは、試合開始のホイッスルと同時に怒涛のごとく押しまくり、走りまくります。
そして前半15分、モールでのトライで一気に勝利への気運が高まります。
前半終了間際に、日本ゴールに迫られますが、
相手のWTBトミー・ツーモアに対し、FB五郎丸がガッチリと見事なタックルを決めてそのままハーフタイムを迎えます。
前半は7―12とリードされて折り返します。

五郎丸のタックルでいい感じで終わった流れのまま、
後半スタートと同時に選手たちは気持ちを前に出し、
何度もチャンスを作ってスコットランド陣営に攻め込みます。

後半の開始からわずかの間に
2度のブレイクを見せたナンバー8アマナキ・レレイ・マフィに引っ張られるように、一気にスコットランド陣営に攻め込んだ日本は、
6分にFB五郎丸がPGを決め、2点差にまで追いすがります。

しかしＰＫを勝ち取った時、マフィが負傷し、
かつがれて涙の退場となったのです。

チームをガンガン引っ張ってくれるムードメーカーを失った日本チームは、
ズルズルと押し込まれていきます。

しかし今の日本は、前回の大会までの日本とは違います。
とにかく地力があります。粘りがあります。
精神力も格段にパワーアップしています。
果敢に相手ゴール近くまで、押し込みます。

しかしあと１歩あと１ｍ、あと50㎝が届きません。
ここで、トライが取れると一気に流れがこっちに向くのですが。
何度も何度もあと少しの所まで押し込むのですが、
なかなか点が取れません。

相手陣営の奥深くまで攻め込んでいたのに
最後のパスをインターセプトされるなど、悲運なプレーが続き、

そのままゲームセットとなったのです。

点差的には開いたゲームでしたが、
内容としては押していたので、
惜しまれ悔やまれてならない試合だったと思います。

第8回ワールドカップ
イングランド大会
平成27年10月3日

ミルトンキーンズ

日本　26―5　サモア

日本 難敵サモア圧倒

2015 ラグビーW杯 ＝第12日

初の1大

第2戦の悪夢 振り払う

【ミルトンキーンズ（英国）共同】ラグビーのワールドカップ（W杯）イングランド大会第12日は3日、英国のミルトンキーンズなどで行われ、1次リーグB組で世界ランキング12位の日本は第3

大舞台でのひ弱な姿はもはやなかった。ラグビーのワールドカップ（W杯）イングランド大会の日本代表は南アフリカから挙げた24年ぶりの勝利に続き、8強入りへ負けられない大一番で難敵サモア代表を破った。世界を驚かせた桜のジャージーが大きな自信を糧に再び進化を示した。

大きくて速い選手がそろうサモアに対し、エディー・ジョーンズ・ヘッドコーチ（HC）が体格の不利をどう乗り越えるかは、ずっと取り組んできた」という内容が試される一戦。小さな日本は運動量を生かしたスタイルを貫き、初の1大会2勝を果たした。

日本とサモアは、南アフリカ、スコットランドといった強豪を追随する第2勢力にいる。同じ力関係の試合は4年前のW杯でもあった。18―31で敗れたトン

佐賀新聞 平成27年10月4日付

スコットランドに負けて、選手たちの気分が少し落ち込むかと思われましたが、
大丈夫。
ジョーンズHCが就任後いつも言っている、
〝負け癖の文化を変える〟これが今回遂に出来たと思います。
1次リーグB組、世界ランキング12位の日本は、
同11位の格上のサモアと対戦し、
試合序盤から、怒涛の波状攻撃を浴びせ、
快進撃で走り回り、運動量で抑え込んだのです。
前半終了間際にWTB山田章仁が右隅に、
水泳の飛び込みスタートを彷彿《ほうふつ》させる、
見事な空中飛び込みジャンプでのトライを決め、
五郎丸のゴールキックも見事に決まり、
前半を20―0で抑え込みました。

後半、風下に回っても日本の攻撃は冴《さ》え渡ります。

体格のハンディをものともせず、
豊かな運動量で押しまくり

まさに地力での勝利を奪ったのです。

そして、今大会2勝目を挙げて
初のベスト8入りに望みをかけます。

どれだけ練習しても、
「ワールドカップで勝つ事は難しい」と
日本の歴代のキャプテンは言い続けてきましたが、
ついに今大会見事に2勝を挙げたのです。

第8回ワールドカップ
イングランド大会
平成27年10月11日

グロスター

日本　28—18　アメリカ

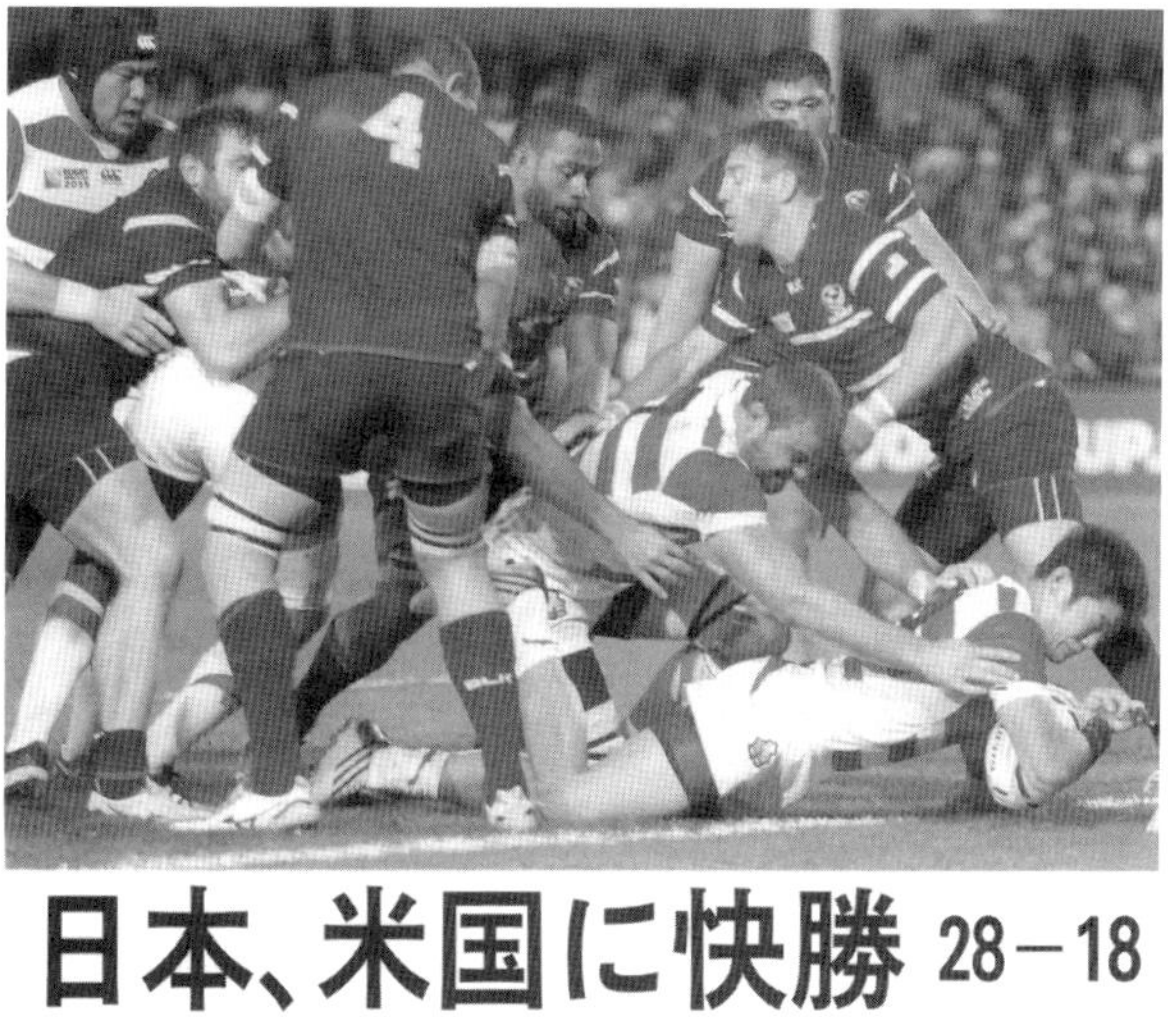

日本、米国に快勝 28－18

佐賀新聞 平成27年10月13日付

英国のグロスターなどで一次リーグ最後の4試合が行われ、
B組は、日本が28—18で強豪米国を破り、
大会初の3勝を挙げて、南アフリカ戦がフロックでない事を証明しました。
しかし、先日のスコットランド—サモア戦で、
スコットランドが勝ったため、
ワールドカップ大会史上初めて、
予選で3勝挙げたにもかかわらず、決勝トーナメントへ進めないという
残念なことになりましたが、
最後まで見事な集中力で試合を作りました。
試合前に予選敗退が決まり、勝ってもここで終わりという
厳しく、難しく、精神的につらい試合でした。
右足のキックにいつも期待が集まるFB五郎丸は、
試合を前に「勝っても準々決勝に進めない現実に悔しさの方が大きい」と
話していました。

試合の方は前半先制を許した日本が、そのままズルズルと押し込まれることなく
しっかりと踏ん張るのであります。
そしてキックで攻めまくり、左への展開でWTB松島幸太朗が逆転トライ。

これをきっかけに日本の快進撃が続きます。
豊富な運動量で波状攻撃を加え続け、
その後モールで押しまくってＷＴＢ藤田慶和がトライ。

後半は一時退場でアメリカが14人の間に、
ナンバー８マフィがトライ。
終盤25―18に詰め寄られた後半37分、
ＦＢ五郎丸が約40ｍの長い距離のペナルティーキックを
見事に決めたのであります。
いつも通り両手を顔の前で組む独特のポーズでリズムを作り、
勝利を引き寄せるキックを冷静に決めたのです。

日本はこのアメリカ戦、
最後まで集中力を切らすことなく
引き締まった試合で、
２０１５ラグビーワールドカップを終えたのです。
最終戦でも五郎丸のキックは冴え渡りました。

まさに火を噴くような力強い反発力で、
ボールは空気を引き裂くような鋭い共鳴音を発して
飛んでいきます。
カーブが見事にコントロールされたボールは
会場の観衆をうならせたのでした。

まさに　世界一のキッカー!!

一次リーグで決めた13ＰＧは、大会ランキングで1位。
58得点は2位。
「みんながチャンスを作ってくれた。みんなが引き立ててくれた事がうれしい。
チームみんながヒーローです」と五郎丸は感謝の言葉で締めくくったのです。

アメリカ戦終了後
五郎丸歩は

「マン・オブ・ザ・マッチ」

最優秀選手に選ばれます。
ジョーンズ・ヘッドコーチから求められていたのは、
世界レベルのゴールキック成功率85％でした。
メンタルコーチと二人三脚で作り上げた両手を体の前に合わせ、
体をかがめてから蹴る動作が、まさに〝チョウ有名〟になりました。

日本での合宿練習の際、
ワールドカップと同じ仕様で設置されたゴールポストに向かって、
五郎丸が何度も何度もゴールキックの練習を繰り返して、
体にしみ込ませていったのです。
エディー・ジョーンズ氏が日本にしみついた負け癖を取り除くための世界一辛い、
厳しい練習に耐え、見事な結果を出したのです。

繰り返しの説明になりますが、
ゴールキックの成功率は野球のバッティングと同様で、
3割、30％がどこのチームでもだいたいの目安になっています。
五郎丸は「85％成功」を自身のノルマとしていたそうです。
いかにケタ外れのレベルの高さなのか、お分かりいただけると思います。

29歳の副キャプテン。代表デビューから10年。
ようやく到達した初のワールドカップで素晴らしい存在感を示し、
自身の持つ日本代表の通算最多得点記録も700点を超えたのでした。

まさにおらが村のスーパースター‼

第8回ワールドカップは、
日本チームの4年間の厳しい練習が見事に結実した、
素晴らしい大会だったと思います。

安倍晋三首相は、
ラグビーワールドカップイングランド大会から凱旋帰国した
日本チームを代表して
リーチ・マイケル
五郎丸歩

堀江翔太の3選手を官邸に招き、
国民を代表して祝福と労をねぎらったのであります。
五郎丸は、「国民と感動を共有できてうれしい」と話しました。
安倍首相は、五郎丸がキック前に胸の前で手を合わせるポーズを真似て、
「私も精神統一をしないといけない時に使いたい」と言って
周囲の笑いを誘うのでした。

ニュージーランド出身のLOトンプソン・ルーク。
彼は五郎丸を体を張って支えてくれた男です。
試合中一度もボールを握る事なく、
ただひたすら、ボールを持って走る味方選手を、
相手ラガーマンのタックルからガードするために走りまくりました。
試合が終了した時いつも顔は腫れ上がり、
全身キズだらけの状態になるのでした。

スポーツは、派手な活躍をする人たちをヒーロー扱いしますが、
このトンプソンの生きざまこそが、本当のヒーローの姿であり、
まさに男の鏡です!!

常に捨て身の覚悟で試合に臨み、チームの勝利のために、頑張ります。
まさしく縁の下の力持ちと言えるでしょう。

我らが五郎丸も試合が終わった後のインタビューで、
いつもチームメイトの献身的な姿勢を称えていました。

くどいようですが、一人はチームのために、チームは勝利のために。
トンプソンのプレースタイルこそまさに
ラガーマンの真髄《しんずい》だと思います。
本当に本当に頭が下がります。

第4章

番外編

タックルの相手は、自然界の当たり屋

イノシシに見事タックルを決めた元ラガーマン

まだ、お屠蘇《とそ》気分も抜けない
２０１９（平成31）年1月13日午後4時10分
今年は俺の年だとばかりに、
イノシシが暴れまくります。
まず、一頭目がＪＲ長崎本線の佐世保発博多行き特急列車に、
みやき町中原の線路上に待ち伏せして、
真っ向勝負のブチかましをかけます。
猪突猛進を得意とするイノシシも、
さすがに特急列車の重量とスピードに圧倒され、
鼻の骨がくだけてあえなく死にました。
しかし、特急列車も20分の停車というダメージを食らうのです。
勝負としては、まさにドローといったところでしょうか。

私は、以前テレビのニュースで何度か列車事故を見た事があります。
特急列車と大型の10ｔダンプカーの事故でしたが、
10ｔダンプはバラバラに壊れ、
何十メートルも吹き飛ばされていました。
それだけに、あらためてイノシシの凄さ、そして敢闘精神にエールを送ります。

まったく見上げたイノシシです。

続けて同日午後8時38分、ＪＲ筑肥線今宿で、
今度は普通列車にイノシシが、
またもや、真っ向勝負のブチかましをかけます。
普通列車を25分遅れさせ、イノシシはやはり死亡。
これまた、勝負としてはドロー。
列車相手に一歩も引かないイノシシであります。

その後、イノシシが唐津市内で出没して暴れまくり、
多数のケガ人が出て大騒ぎになりました。
この暴走イノシシを元ラガーマンが見事なタックルで仕留め、
唐津市民や佐賀県民はもちろん
日本中のメディアから大喝采を浴びました。
これは壮絶な実話なのです。
このタックルを成功させた当人は、
より現実感を出すために、本人の承諾を得て実名で紹介いたします。

２０１５（平成27）年９月23日
唐津市内で道路舗装工事のため片側交互通行の誘導をしていた
男性ガードマンが、赤旗で止まれのハタを振っているにもかかわらず、
何ものかが猛スピードで突っ込んで来て、
車４台に次々とぶつかり、
そのままスピードを落とさずにガードマンを思いっ切り跳ね飛ばして
走り去っていきました。
一瞬の出来事で、誰も呆然《ぼうぜん》としている時、
後方の車中から、「今んとはイノシシだった」という声が聞こえました。
牛だったら、闘牛士のマンボのごとく、赤色の布に興奮するのでしょうが、
ガードマンを突き飛ばし、赤色の旗を思いっ切りふんだくって、
脱兎のごとく逃げて行ったイノシシも、
やはり赤色の旗に興奮したのでしょうかね。
その後もイノシシは唐津市内で何度となく出没し、
車に体当たりを繰り返して
軽自動車などを横倒しにする事故が頻発しておりました。
まさに「当て逃げ」ですけど、警察に届けてもナンバーは付いていないし、
保険にも入っておらず、車検もナシ。全く悪質極まりない相手です。

悔しくて、悲しいけど泣き寝入りするしかありません。
市役所の広報車が
「イノシシが出没しますので注意してください。
見つけたら近寄らないでください」と呼び掛けております。
でも市民はどんなに注意すれば良いか、さっぱり分かりません。
なにしろ、イノシシはいつどこで出没するか、
全く分からないのですから・・・・
「見つけたら近寄らないでください」と言われても、
いきなり出くわした時には襲ってくると思いますし、
走って逃げたとしても、人間よりはるかに速く走る相手です。
私はイノシシが全力で走っているのを、何度か見た事がありますが、
たぶん、１００ｍ６秒台で走るんじゃないでしょうか。
私は陸上競技をやっていますが、
佐賀県選手権の１００ｍ決勝では、トップランナーは10秒台で走ります。
私はイノシシの走りを目で追ってみて、
10秒台の選手でも軽く離される大変なスピードだと思いました。
もうすぐ2度目の東京オリンピック２０２０がありますが、
エキシビションで、１００ｍの金メダリストとイノシシが走ったら

面白いだろうなと勝手に想像します。
東京オリンピックの開会式、閉会式のイベントディレクターを
あの『三丁目の夕日』の映画監督、山崎貴氏が担当されますが、
何かの折に話してみようかと思います。
ちなみに『ALWAYS　三丁目の夕日'64』の
劇中に、佐賀県出身のケンジが登場します。
そのケンジ役を俳優の染谷将太さんが演じておりますが、
見事な佐賀弁をしゃべります。

また横道にそれた話をイノシシの話題に戻します。
このイノシシですが、凶暴さもすごいのです。
私の住んでいる隣りの脊振村（現在は神埼市脊振町に改称）は
山村の集落ですので、
イノシシがよく出没します。
この辺りの家には母屋と小屋がありますが、
その小屋の方で穀物を食べまくり、その後母屋のご飯を食べ、
台所の庭中で（土間とも言う）ゴロンと昼寝をしていたとのことでした。
家の人が帰って来て、鍬《くわ》で叩いたところ、

いきなり起き上がって暴れ出し、飯台、茶盆だななど、
そこにあったすべてのものに当たり散らし、
グルグル家の中をかけそうちいて（走り回って）、
障子、ふすまを引き破り、畳やじゅうたんはひっぱがし、
テレビでん何でんかんでんひっくいがやし、こっぱがしたとのことでした。
その家の人はおろたえて（急いで）、軽トラックに乗ったところ、
イノシシが追っかけて来て荷台を横から押しまくり、ぐらぐらさせたとのこと。
たまたま軽トラックの荷台には、
収穫した麦を８００kg位乗せていたので助かったそうです。
道路交通法にのっとって、３５０kg以下しか積んでいなかったら
倒されていただろうと言われておりました。
とにかく、えすかった（怖かった）ので、クラクションを鳴らし続けたら、
ヤブの中に走り去って行ったとの事でした。
その後、すぐ家の周りを全て金網で囲って生活しているとの事です。
しっかり固定資産の税金も払っているのに、
「イノシシから身を守る為に自分でお金出して、檻《おり》を作り
その檻の中で生活せねばならないとは、本当に情け無い事です。
まるで動物園の檻の中に入れられているみたいですよ」と

家人は嘆いていました。

唐津のイノシシの話に戻ります。

唐津市内で印判業を営む原田正明は、

もうすぐ〝唐津くんち〟もあるので一日も早くこのイノシシを捕まえて、

みんなが安心してくらせる日々を取り戻したいと願いました。

もし今度出没したら、自分の手で捕まえようと思っていた矢先に、

友人からイノシシ出没の電話がかかって来ました。

早速、軍手をはめて自転車にまたがって出発します。

〝こちら葛飾区亀有公園前派出所〟のあの両津の表情と同じように、

目をひんむいて自転車のペダルを踏んで、

出没現場を目指します。

そして現場に近づくと、

頭から血を流している老女にイノシシがかみつき、

引きずり回しているところが目に入りました。

警棒を持った婦人警官が何とか助け出そうとイノシシに立ち向かいますが、

叩かれても叩かれてもイノシシは全くひるみません。

それどころか彼女もイノシシの

体当たりで吹き飛ばされ、
倒れた所でモモをかみつかれてしまいました。
女性2人が血まみれにされたことで、原田の正義感に火が付きました。
原田は自分の身の危険を顧みず、イノシシ目がけて
たった一人で猪突猛進、追いかけて行くのであります。
くしくも彼の干支《えと》もイノシシで55歳になります。
日ごろ、トライアスロンをやっている原田ですが、
このイノシシのダッシュ力にはかないません。
アッという間に引き離され、見失ってしまいます。
その時、遠くの方で「いたゾー」の大声が聞こえました。
原田は「ヨッシ、何が何でもこれ以上の犠牲者は出させんゾ。
絶対タックルで止めるゾ」
と気合いを入れます。
原田は高校、社会人でラグビーの経験があります。
声のする方へ行ったら、子どもたちが公園でサッカーのボール蹴りをして
遊んでいました。
佐賀弁で申しますと、
「やーらしか（かわいい）、幼稚園児たち」です。

イノシシに体当たりされたら、大ケガではすみません。
ただ距離がまだ離れていたため、間に合いそうにありません。
原田が「ワーやられた」と思った、その時です。
イノシシの斜め横から自転車で通りかかっていた多久市の病院職員・野方徳浩が
こん身の力でペダルを踏んで、イノシシの前に出て進路をふさいだのです。
たちまち野方は自転車ともども6m位吹き飛ばされます。
進路をふさがれ子どもたちを襲う事のできなかった凶暴なイノシシは、
怒りからパワーを全開にして、野方の自転車のタイヤをかみちぎります。
続いてハンドル部分に付いていた網かごをかみくだき、
まるで新聞紙を丸めてグシャグシャにしたような形にしました。
かみちぎられたフロントタイヤは当然パンクします。
やっと立ち上がった野方の
左足モモに思いっ切りがぶりとかぶりついたのです。
自転車はこっぱみじんのボロボロにされ、
左足も大ケガを負うことになりましたが、
野方は何とか幼い幼稚園児の命を救う事が出来たのです。
公園でボール遊びをしていた園児たちは恐怖のあまり一斉に泣き出すのですが、
この公園の奥の方でゲートボールを行っていた老人クラブの人達が

その泣き声を聞きつけてやって来て、
スティックを振りかざしながら一斉にイノシシに立ち向かうのです。
このかくしゃくたる老人たちこそ、
若い時、海の男として荒波で名高い玄界灘を
漁場として頑張って生きてきた人たちです。
彼らは郷土愛もケタ違いに強いのです。
あの衆議院議長、保利茂を育て、中央政界へ送り出した人たちです。
今、この人たちの一番の宝であり、希望の星である、
幼い幼稚園児たちを守るためには、自分の命も惜しまない人たちです。
まさに年は取っても、かくしゃくとして
イノシシに向かって「ウンがコンチキショウ」と
スティックを振り上げながら追いかけます。
騒ぎを聴きつけて追い手、ヤジ馬が大勢集まって来ます。
さすがのイノシシも、これでは逃げるしかないと
一目散に逃亡しようとするのですが、追い手やヤジ馬がワーワー叫び、
中にはバケツとほうきの枝部分でガンガンたたいて音を出しながら
追いかけていきます。
あっという間に道半分が追い手とヤジ馬で埋め尽くされています。

またどこからともなく集まってきたおかしな集団が
徒党を組んでバットや木刀を持ち、
イノシシめがけて走って行きます。
その光景たるや史上初の女性駐日アメリカ合衆国
第29代特命全権大使キャロライン・ケネディ氏が
最高のジャパンフェスティバルと感動した唐津くんちでの盛り上がりを
彷彿《ほうふつ》とさせる、
熱血唐津ッ子の心意気の表れのように見えるのでした。
ところで肝心の原田は今度こそタックルを決めるゾといきり立っています。
そして、ついにイノシシがお寺の境内に逃げ込んだのを確認します。
出入り口は1カ所だけで、
そこには市職員4人、警察官5人、
猟銃会のメンバー3人が実弾を込めた鉄砲を持って待ち構えています。
後はイノシシが出てくるのを待って、
仕掛けた網の中へ追い込むだけです。
ただイノシシは、頭が良いので、
自ら網の中には入ることはありません。
誰かが追い込むしかないのです。みんな

おそるおそる、イノシシが出てくるのを待っていますが、
これではらちがあかないと、シビレを切らした原田が
「オイが追い払ってくる」と言って
セメント塀の囲みの中に勇ましく飛び込んで行きました。
そこでイノシシを探していたところ、奥の方で、
こっちを向いたイノシシに遭遇するのです。
「捕まえてやるゾ」といきり立つのですが、
実際に間近で見るとすごい迫力があります。
しかもイノシシが興奮状態であることは、一目見れば分かります。
原田はシーシーと声をかけ、網の方に追い込むつもりでしたが、
間合は5ｍしかなく、イノシシはいきなり真正面から突進して、
原田の体を吹き飛ばします。
3ｍ位吹き飛ばされ、倒れたところを
例によって左足の太モモにかぶりつきます。
原田は必死で足をバタつかせ、イノシシを蹴りまくります。
そして、何とか立つ事ができましたが、
またしても5ｍの至近距離から、強烈な猪突猛進の
ブチかましを食らうのです。

再び3ｍ位吹き飛ばされ、倒れたところをまたしても太モモ目がけてカブリつきに来ますが、原田も必死で寝たままイノシシの顔面を両足をバタつかせながら蹴りまくります。
イノシシが少し後退したところで起き上がった原田にまたも5ｍの至近距離からブチかましを受けました。
原田は思いっ切り跳ね飛ばされ、地面に叩きつけられて息苦しくなるのですが、そこは、ラガーマンです。
しっかりと受け身をとっているので、
ブッ飛ばされ地面に叩きつけられている割には、
ダメージはそんなにありません。
倒されたら無意識にすぐ立ち上がる習性を持っています。
やっとの思いで立ち上がると、またしても5ｍの至近距離からモーレツな体当たりで吹き飛ばされ、全身にシビレを感じます。
イノシシはまた倒れた体にカブリつこうとしますが、
原田も必死に足蹴りで応戦します。
イノシシの目の辺りを何度も何度も思いっ切り蹴りまくるのです。
イノシシもさすがに、少し嫌がったようには見えるものの、
たいしたダメージはなさそうです。

足蹴りの打撃に対しても痛みを感じていないようです。
これだけ必死に蹴りまくっていても、
全く効いていないことに気づかされた原田は、
「このままでは俺は殺されるのでは」と、
さすがのラガーマン原田にも
恐怖が頭をよぎります。
あまりの痛さで6回目に体当たりされたときには、
体がシビレてしまい何も感じなくなりました。

片やイノシシの方も一発のブチかましでケリを付けてきたのに、
今回ばかりは勝手が違います。倒してカブリつこうとすると、
原田のケリを何発も食らい、
目の周りから、赤い血がしたたりおちています。
原田が倒されても倒されてもその都度起き上がって来るので、
いよいよ「イラチータ（いらついた）」イノシシは
最後のとどめとばかりに間合いを7ｍに延ばして首を少しかがめて、
渾身の力をみなぎらせ猪突猛進の馬力で突っ込んで来ました。
さしずめこの異種格闘技戦は

ずっと原田が押し込まれていましたが、
そこはラガーマンです。

倒されながらも、相手の動きに気を配るうちに目が慣れてきました。
突っ込んできたイノシシを体が覚えている。ラガーマン特有の自然な動きで
受けとめながら相手の体に手を回し少しずり落としてから、
しっかりと締めあげ自分の体をぐいと寄せました。

イノシシは、バランスを崩して横倒しとなり、
ガッチリと決まった原田の腕が
イノシシの体を締めつけていきます。

今まで全く声を出すことがなかったイノシシがここで苦痛から逃れようと
キーキーと甲高い悲鳴を上げて、暴れ回るのですが、
原田の腕はガッチリと組まれて外れません。
ここで逃がしたら今後、どれだけ被害者やケガ人が出るか
分かりません。
同時に唐津市民を恐怖に落とし入れることになると思った原田は、

死ぬまで離さないゾとイノシシを締め上げます。

イノシシも必死ですが、原田も歯を食いしばり、その体勢のまま助けが来るのを待ちます。

イノシシは死に物狂いで、原田の体にガブリとカブリつきます。


原田も負けん気を出して、相手の背中にカブリつきますが、歯が立たないとはこの事で、全然効きません。

それどころか体毛についた泥や汚れが口に入り、口の中は泥だらけ。

つばをはいてもとれません。

イノシシが原田の足にカブリ付いたのですが、効かないと思ったのか、今度は体を反転し原田を振り回して、自分を締めつけている原田の腕にかみつきます。

まるで窮鼠猫を噛む状況です。

それがネズミではなく、イノシシだからケタが違います。

イノシシは、原田を噛み殺し助かろうと必死です。

原田は腕をかまれ、痛くて頭までシビレています。

このタックルの腕を緩めれば、痛さから解放されるのですが、逃がしたら絶対にまた多数の被害者が出ます。

「俺の腕がちぎれてもかまわない、絶対に離さんゾ」と腕に力を込めます。

かまれている痛みで意識がボーとなり、

気を失いかけたその時です。

ヨッシャー、ヨーヤッターと言いながら、警察官、市職員の人たちがロープを持って駆けつけてくれました。

原田は「かぶいつかれとっとの腕がいとうしてたまらん。はようのけてくいろ（噛みつかれている腕が痛いので早く外してくれ）」と叫びました。

イノシシは、大勢の人々を見て、さらに一層興奮して、4本の足をバタつかせて暴れるのです。

若くて、ハンサムでイケメンの警察官が、まず足を押さえてテレビドラマの刑事物語のように、素早く足に手錠を掛けたのですが、暴れたらこれがスルリと抜けてしまう。

人間だったら、手首でガッチリ決まりますが、イノシシには通用しません。

素早く4本の足をロープで縛り上げたため、暴れなくはなりましたが、まだ原田の腕は噛まれたままです。
ベテランの猟師がイノシシの鼻の穴に指を突っ込んで窒息させようとするのですが、興奮していて鼻息が荒いため、空気が漏れて効き目がなく、まだ噛みついたままの状態が続きます。
原田は、悲痛な叫び声で
「はようしてくいろ、クー痛かけん」と叫び続けます。

別の猟師が、「こん畜生、まあだ離さんないば」と言って、イノシシの耳をイヤと言う程引っ張ります。

さすがのイノシシも、耳を引っ張られた事などなかったでしょうから、初めて経験するあまりの痛さでカブリ付いているのをやっと外します。

猟師たちはここぞとばかりに一気にロープで口をぎんだら巻に締め上げます。

ここでやっと原田もタックルの腕を緩めようとするのですが、
腕はシビれてしまい体が動きません。足もかまれて、シビれたままです。

まさにレフェリー無しでルール無用の命をかけた格闘でした。人間同士なら「参った」で終わりですが、興奮したイノシシには通用しません。

レフェリーも居ないので、止めに入ってくる人もなく、とことん攻撃を受け続けるしかありませんでした。
原田の正義感に燃え郷土愛にあふれた命がけの体当たり、
肉弾戦は、唐津市民、佐賀県民の大喝采を浴びることになりました。
世界の五郎丸選手をも脱帽させる、
原田選手の見事な「タックル」でした。

付記

野生の動物に噛まれたら、破傷風と狂犬病の危険があります。
今はワクチンがありますので、一応安心ですが・・・
一年間の潜伏期間を経て、背筋に寒気が来たら半年で死に至る、との事です。
私は小学生の時、キツネに噛まれて狂犬病にかかり、
高熱で学校を長期欠席した事があります。
久しぶりに登校した時、クラス皆から
「ケンジは、狂犬病にかかっとうけん、かぶいっく（噛みつく）」と
おそれられ、誰も近寄って来ませんでした。

人に慣れている犬やネコでも、耳を強く引っ張ればガブリと噛みつきます。

嘘だと思ったら一度、思いっ切り引っ張ってみてください。
間違いなく、思いっ切り噛みつかれますので。

第5章

国民体育大会

佐賀国体（成年男子）　昭和51年10月

1回戦	佐　賀	VS	岡　山
準決勝	佐　賀	VS	和歌山

コラム　見事なラガーマンのファッションセンス

高知国体（少年男子）　平成14年10月

1回戦	佐賀工	VS	宮城選抜
準決勝	佐賀工	VS	京都選抜
決　勝	佐賀工	VS	埼玉選抜

長崎大会（成年男子7人制）　平成26年10月

佐賀県選抜チーム初優勝

第31回国民体育大会秋季佐賀国体

昭和51年10月25日

ラグビー成年男子1回戦

佐賀　60－0　岡山

県勢、好調なすべり出し

そろってベスト4入り

【ラグビー成年、佐賀－岡山】後半28分、スクラムからバックラインへ。佐伯博文(佐賀)が中央にトライ、ゴールも決め50－0とリード

佐賀新聞 昭和51年10月26日付

ラグビー成年男子１回戦が三田川（現 吉野ヶ里町）のトーアユニホームグラウンドで、華々しくそして、厳かに秩父宮殿下（妃殿下）ご観覧の下、天覧試合が行われました。

九州地区国体代表戦で隣県の相手をなぎ倒し、地元開催の佐賀国体出場権を獲得。その勢いで一気に、晴れの天覧試合へ向けて気合が高まります。

佐賀のキックオフで試合開始です。

総合力で勝る佐賀は、前半９分、スクラムから前嶋が左隅に最初のトライをします。

ゴールも決めて先制です。

持ち前の強い当たりと走力で、ディフェンスに甘さの目立つ岡山のラインを突破して得点を重ねるのでした。

前半を15―０で折り返したのです。

後半に入り風上に立つと、佐賀は怒涛《どとう》の攻撃で、一方的に押しまくり、走りまくって大量の10トライを決めて、後半も45―０で勝負を決定付けました。

成年ラグビーでは、珍しいゼロ殺しの試合を行ったのでした。

地元、三田川の応援団は大喜びで、自衛隊の音楽隊は、トライが決まるたびに、高らかな演奏を繰り返しました。

ひげ面がトレードマークの藤山隊長も、タクトをふるモーションがだんだん大きなアクションになったものです。

まさに圧倒的快勝でした。

第31回国民体育大会秋季佐賀国体

昭和51年10月27日

ラグビー成年男子準決勝

佐賀　7－33　和歌山

【ラグビー佐賀－和歌山】前半、前嶋（佐賀）が左すみにトライ、7対12と追い上げる

佐賀新聞 昭和51年10月28日付

ラグビー成年男子準決勝は秩父宮殿下（妃殿下）が観戦される天覧試合として三田川（現　吉野ヶ里町）のトーアユニホームグランドで、華々しくかつ厳かに行われました。

当時、国体にあまりお金が掛かり過ぎるという批判があり、
佐賀国体からお金を掛けない大会にしましょうということになりました。
質素を旨とする佐賀県民だからできたことです。

佐賀人にとってお金を掛けない、使わないのは得意とするところです。
選手の寝泊まりや食事は三田川の各家庭にお願いするという、
まさに徹底的なケチケチ作戦でした。
今で言うホームステイです。

川間婦人会会長の号令の下、三田川婦人会が
総動員でこの大会を盛り上げました。
当時、甲子園球場の高校野球でも応援の際、
なぜかしゃもじ（ご飯をつぐ時の道具）を打ち鳴らしての
応援合戦がはやっていました。
三田川婦人会のお母さんたちは、
しゃもじ使いは手慣れたものです。
しゃもじを振りかざし、パワーあふれるお母さんたちの力強い応援は
目立った存在でした。

しかし、お母さんたちは、ラグビーのルールの難しさについていけず、試合を見ていてもちんぷんかんぷんです。

ボールをパスするたびに
「前に味方がおっとに何で後ろさいボールをまわしよんネー
先のほうさいボールは投ぐぎよかろうがー、
どこ見て投げよんネー」
「パントキックをそぎゃん、わざわざ足でけったくらんやっちゃ、
手でしっかい投げたがよかとこれー。
ボールはひん曲がっけん、どこさい行くこっちゃわからんとこれー」
また鋭いタックルを見ては、
「ヨソワシカ、そぎゃんことして、人ばうったわしたい、なんたいして、
ほんなごて、このしったんだちは（この人達は）いとしかー（荒らかー）」
こう言ったお母さんたちのどこか的外れ、でも愛情あふれる声援を受けつつ、
試合は進んでいきます。

開始早々、佐賀は難しいサイドライン近くからの、
ＰＧをＳＯ葵がコンバートに成功します。

幸先の良い好調なスタートを切ったのでした。

しかし、その後は和歌山の重量ＦＷが威力を発揮し、
佐賀はバックスへの展開ができず苦戦します。
それでも左ＷＴＢ前島が巧みなステップで相手ＦＢをかわし、
トライを奪って善戦するのですが、相手の重量ＦＷに押し込まれ、
次第に追い詰められていきます。

会場の応援席は、サイドラインから５ｍ位の所にあります。
佐賀、そして対戦相手の強豪和歌山の選手たちが走り動き回るのを、
間近で見る事ができます。

その中で、小柄ながらもひと際目を引く
俊敏な動きで走り回る選手がいました。
まるで走塁のスペシャリストで、プロ野球阪急の福本豊選手を彷彿《ほうふつ》とさせる
素早い動きの選手です。
その選手こそ、今の佐賀工ラグビー部総監督、小城博（27歳）でした。

この時も私たちの応援が届いたのか、
佐賀県チームは、大ハッスルして、
ボールを動かし走り回っていました。
グラウンドと観覧席がわずか5m位しか離れていないため、
選手の息遣いが聞こえる近さです。
ボールの取り合い、奪い合いの後、
こぼれ球を小城が素早く拾い上げて走り出しました。
私の目の前だったので、「ソレ行ケー」と叫んだと同時に、
和歌山の大きな選手が小城にタックルを仕掛けたのです。

その時、潰されたと同時に「ボギーッ」と云う鈍い音がしました。
フォローに入った佐賀の選手や、その後にボールを奪いに来る和歌山の選手が、
何人も重なり合ってダンゴ状態となり、人の山ができました。

レフェリーの笛でいったんゲームが中断して、その後重なっていた
7、8人の選手たちが、レフェリーの手で一人一人ほどかれたのですが、
一番下になっていた小城だけが身動きせず、
うつ伏せに倒れたまま、気絶していました。

私は小城を応援していたので、とてもショックを受けました。
すぐに佐賀のチームメイトが大きなヤカンを持ってきて、
彼の頭と肩辺りに水をかけたのです。
私は選手ではないので、
このロープを乗り越えてフィールドに入る事が出来ませんが、
とても心配でなりませんでした。

まさしく、「オイが友達になんしょっきゃー」と言いたい気持ちでした・・・・。
小城は何とか立ち上がったけど、
ヨロヨロしながら、なんとグラウンドと反対のこちらのロープの方へ
歩み寄って来るではありませんか。
私は「あっち、あっち、反対、後ろさい行け」と叫びました。その時彼は
またもチームメイトのマネージャーから、
ヤカンの水を頭からかぶせられました。
すると、そこでやっと意識がハッキリしたらしく、
グラウンドの方を向きました。

レフェリーが小城に何やら、ボソボソささやいたら、小城が突然、片足上げて手を水平に広げたのです。私は、彼がタックルされた時、イヤと云うほど地面に叩きつけられたので、頭がおかしくなったのでは、と心配しました。

次の瞬間、レフェリーが笛を吹いてゲーム再開となりました。小城も何もなかったかのように、元気に走り去りました。

後日、佐賀のラグビー選手から、準決勝の和歌山戦の後、小城の鎖骨が折れていたとの事を聞いた時、やはりあの時ボキッという鈍い音がそれだったのだと思いました。

この文章を書くに当たって、久しぶりに小城総監督に電話した時、例のぶっかけられていたヤカンの水の事を話したら、ラグビーでは〝魔法の水〟と呼ばれ、試合中はいつも用意されているとのことでした。
それから片足上げて手を水平に広げるのは、脳しんとうを起こした後、脳が平常に戻っているかを確かめるためにとのことで、これができなかったら退場になるとの事でした。
そしてあの、魔法の水ですが、
荒っぽく、ただ頭や肩に水をかけているように見えたのですが、
実は耳や鼻に水が流れ込まないように、
細心の注意を払っているとの事。
まさに大胆にして繊細なラガーマンの心得。
改めてラガーマンはすごいと感心しました。

COLUMN

見事なラガーマンのファッションセンス

三田川小学校体育館で、佐賀国体成年ラグビー選手の歓迎会が行われました。
目達原陸上自衛隊音楽隊の藤山隊長が指揮する演奏の下、

各県選手団が入場するのです。
全員見事な背広、ネクタイ姿に歓声とどよめきが上がります。
そして何と言っても、ぶ厚い胸と肩幅の広さ、
しっかり鍛え抜かれた大きな体の勢揃いです。
ほとんどの町民が、初めて身近でこれだけの人数のラガーマンを
見ると思います。まさに感動ものでした。
よくファッション雑誌に背広姿のカッコイイ男性の写真を
目にしますが、とてもラガーマンの背広姿には勝てません。
あの〝洋服の青山〟をもうならせた、着こなしと風格!!
ラグビーが紳士のスポーツと言われるのは、
マナーもですがファッションセンスも関係していると思います。
ラガーマンは公式の場とか移動中は背広にネクタイ着用との事です。

そして婦人会の炊き出しおにぎりで、会場は一気に和みます。
このおにぎりですが、まさに絶品です。
羽釜を薪で焚いた炊きたてのご飯を
アツアツの時、まず冷たい水で自分の手を冷やしてから、素手で握るのです。

手のひらが炊きたてのごはんの熱で真っ赤になりますが、
水に手を入れて冷やしてはまた、握るのです。
このおにぎりの味は今現代ではなかなか味わう事はできませんが、
とにかく美味しい!!見事な味でした。
当時の婦人会のお母さん達の底力というか、
美味しい物を食べさせたいという愛情があふれていました。

令和元年5月10日
NHKテレビで〝男の料理〟の取材を受けた時、
このおにぎりをディレクターに作って食べさせたら、
ビックリして「生まれて50年、こんな美味しい物を食べた事がない」
と驚かれていました。
東京から同行してよかったとの事。
実はこのおにぎりの隠し味として、
ガンツケガニを少し入れておきました。
昔から佐賀では、これが小さじ一杯あったらどんぶりめし5杯いけると
言われる代物です。

これも余談になりますが、
私にとって佐賀国体で一番うれしかった事は、
道路脇や各家の周りにプランターを置いて花を飾った事よりも、
各家庭のトイレが和式の直下型のくみ取り式から
洋式の水洗トイレに変わった事でした。
ほとんどの家で国体選手を泊めると決まった時、
部屋はどこにもありますが、トイレが不衛生で、
雨の日等は、
家中臭いが上がってくるわ、おつりはくるわ、晴れるまでくみ取りが出来ず、
手の施しようがありませんでした。

当時、私は青年団長をしていましたので、
会議の時に「この際、衛生的なトイレに変えてください」と町民の人たちに
訴えました。
みんな和式の直下型のくみ取り式トイレには、
ストレスとコンプレックスを感じておりましたので、
一気にトイレ改造が進みました。
私は佐賀国体で、

各家庭のトイレがきれいに、そして清潔で衛生的になった事が一番の収穫だったと思います。

あと4年先の2023年にまた佐賀国民スポーツ大会が巡ってきます。

再び身近でラガーマンの勇姿が見られる事を楽しみにしております。

第57回国民体育大会秋季高知国体

平成14年10月27日

ラグビー少年男子1回戦

佐賀工　13－5　宮城選抜

佐賀工 逆転8強

ラグビー少年男子 宮城に13－5

仙台育英勢の攻撃封じ

佐賀新聞 平成14年10月28日付

九州地区国体出場代表決定戦でバツグンのコンビネーションと、圧倒的なスピードで勝ち上がった、われらが佐賀工は、5年ぶりの国体出場権を獲得して、勝利への加速を一気に高め、国民体育大会初優勝へ向けてばく進します。

5年ぶり出場の佐賀工は、
まず初戦で、仙台育英を主軸とする、宮城選抜と対戦。
FWの力、BKの展開が一体となった見事な逆転勝利でした。
試合としては、両チームともなかなか点の取れない、地味なきついゲーム展開でした。
佐賀工5点のビハインドの前半13分、ラインアウトからモールで押し込み、
最後はHO高田敦寛が飛び込んで同点にします。
そしてその3分後、10メートルラインのラックから左へ展開します。
SO藤井亮太のインゴールへのキックをCTB橋本諭が押さえつけてのトライです。
また終了間際には、藤井がPGを決めて8点差をつけます。

宮城のSOには、ケタ外れのパワーを持つニュージーランド留学生がいます。
ここをどう抑えるかが、勝負のポイントでした。
夏の菅平合宿での練習試合では負けています。
国体での対戦が決まった後、
小城監督と部員は、ビデオを繰り返し繰り返し見直して対策を練りました。
スクラム、モールを回すことで
留学生SOの動きを封じ込み、反撃の出鼻をくじきます。
見事に小城監督の策略がはまりました。

第57回国民体育大会秋季高知国体

平成14年10月30日

ラグビー少年男子準決勝

佐賀工　28－19　京都選抜

県勢の成績

ラグビー

▽少年準決勝

佐賀工（佐賀）28（21－12、7－7）19 京都（選抜）

ラグビー少年男子

佐賀工 悲願へ王手

準決勝 京都を力で押し切る

○…ラグビー少年男子準決勝。佐賀工が28—19で京都選抜を破り、悲願の全国優勝に近づいた。

京都の主力は、「花園」で何度も苦汁をなめさせられる伏見工。試合前半は一進一退の攻防が続き、7—7で折り返した。

後半12分、京都が得点を積み重ねた。だが、佐賀工は直後の16分と19分、TB中園、HB藤井が立て続けにトライを決めて逆転。そのまま力で押し切った。

小城監督は「ベストゲームだった宮城との戦いを再現できた。完勝」と声を張り上げた。

決勝の相手は埼工大深谷を主力とする埼玉選抜。「埼玉の体の大きさはいかんともしがたいが、それぞれ役割を果たせば勝てる」と意欲をみせた。（原田）

佐賀新聞 平成14年10月31日付

京都の主軸は、「花園」で何度も負けている伏見工でした。
試合は一進一退の攻防が続き、7―7で前半を折り返します。
後半12分、京都が得点を積み重ねるのですが、
佐賀工も負けじとばかりに16分、19分と
立て続けにWTB中園真司、SO藤井がトライを決めてあっさり逆転し、
そのまま逃げ切りました。
今まで、佐賀工が花園で一番苦汁をなめさせられてきたのが伏見工でした。
佐賀工ファンの人たちは、また伏見工かと試合前からあきらめムードが
漂っていたと思います。
実は私もその一人でした。
とにかく伏見工とは相性が悪かったのです。
しかし、今年の佐賀工の選手たちは、
伸び伸びハツラツとした動きで戦って、
堂々の逆転勝利を収めました。
相性が悪く苦手な伏見工に逆転勝ちした今年の佐賀工。
ラストの優勝戦もまさにやってくれそうな大きな期待がかかります。

第57回国民体育大会秋季高知国体

平成14年10月31日

ラグビー少年男子決勝

佐賀工　17−10　埼玉選抜

創部57年 佐賀工悲願

ラグビー少年男子

連続攻撃 埼玉も粉砕

【ラグビー少年男子決勝・佐賀工高―埼玉選抜】後半4分、敵陣ゴールに突進する佐賀工FW陣。その直後にトライし、12―3とリードを広げる＝宿毛市総合運動公園陸上競技場（撮影・川南）

県勢の成績

ラグビー
▽少年決勝
佐賀 17 7―3 10―7 10 埼玉
（佐賀工高）　（全埼玉）

馬術
▽少年トップスコア ⑬長谷川岳（ラーズルッキング）770点

自転車
▽少年ポイントレース決勝（二万四千㍍）㉖松尾圭太（武雄青陵高）＝得点なし

「日本一だ、日本一」。抱き合って喜ぶ佐賀工フィフティーンの輪に、小城博監督が飛び込んだ。決勝で埼玉選抜も粉砕し、他大会も含め創部57年目で初の全国制覇。花園まで待てない選手たちの手で、監督の体は2度、3度、宙を舞った。

初戦で仙台育英勢を軸とする宮城、準決勝では伏見工中心の京都を倒した。難敵を連破し、「子どもたちは日に日に進歩した」と小城監督。埼玉戦も前半は一進一退の攻防が続いたが、後半はスピードと体力で勝り、逃げ切った。

4点リードで迎えた後半は、開始早々から攻め込んだ。突破からポイントをつくり、右へ左へ素早く展開。息つく間もない連続攻撃で敵ゴール前に迫った。後半4分、ラックからナンバー8五郎丸亮が持ち出し、トライを奪った。

小城監督「日に日に進歩した」

「持ち味はリズムとテンポ、速攻」とSH古賀。2点差に迫られた16分にも、自陣からWTB石丸直幸が切れ込み、30㍍以上のターンオーバー。FWもライン参加しながら、ラックから左に展開し、最後はHO高田敦青が飛び込んだ。

今年1月、全国選手権準決勝で啓光学園（大阪）に0―48の大敗。新チームになっても「あの悔しさを忘れるな」。早い時期から戦術練習を取り込み、前年より平均体重が7㌔軽いFW陣も「とにかく走る」（五郎丸）。SH古賀、SO藤井晃太から多彩な攻めを繰り出すチームになった。

「これからが勝負。まだまだ、もっと強くなる」と小城監督。古賀も「チームの方向性は決まっている。完成度を高めたい」と、2カ月後の花園をにらむ。「初の日本一」のビッグタイトルも、まだ通過点にすぎない。（松田）

佐賀新聞 平成14年11月1日付

難敵を立て続けに連破して迎えた決勝戦。
埼玉の強豪校で知られる埼玉工大深谷を主軸とした埼玉選抜。
佐賀工は他県とは異なり、単独チームで挑んできましたので、
15人の抜群のチームワークをもちさらに連係プレーが
しっかりと出来上がっています。
5年ぶり出場の佐賀工は、
埼玉選抜を17―10で下し、初の全国頂点に立ちました。
優勝した佐賀工は、他大会を含め、初めての全国制覇です。
決勝戦を振り返ります。

いよいよ日本一をかけた決勝戦。
決勝もFW、BK一体となった連続攻撃で敵陣に攻め込み、
3トライ1ゴールで17点。
埼玉選抜の終盤の猛攻撃も素早い出足で封じたのです。
前半は、一進一退の攻防が続いたのですが、
後半はスピードと体力で押しまくりました。
4点リードで迎えた後半も、
開始早々から攻めまくり、突破して作ったポイントから右へ左へ素早く展開します。

ＦＷの平均体重が前季より7キロ軽くなった分を走りでカバーします。

とにかく、走って走って動き回りました。そして後半4分、ラックからナンバー8五郎丸亮がボールを持ち出してトライを決めます。

今年の佐賀工はリズムとスピードの効いた速攻が持ち味です。

2点差まで追い上げられたものの、
16分には自陣からＷＴＢ石丸直幸が中央に切り込み突破をはかります。

そして、35ｍも独走。

ＦＷもラインに参加しながら、
ラックから左へ展開し、最後はＨＯ高田敦寛が飛び込んで、見事なトライ。

これが国体優勝のダメ押しのとどめのトライとなります。

見事に埼玉選抜を粉砕して、とうとう
創部57年目で、初の全国制覇を達成できたのです。

まさに念願の日本一でした。

「日本一、日本一だ」と言って抱き合って喜ぶ佐賀工。
フィフティーンの輪の中に、小城博監督も飛び込み、
監督の体が宙高く2度3度舞い上がった歓喜の瞬間でした。

第69回国民体育大会秋季長崎国体

平成26年10月

佐賀県選抜チーム
成年男子７人制で初優勝

ラグビー成年V

ラグビー成年男子で初優勝を果たした佐賀県チーム＝長崎市営ラグビー・サッカー場（撮影・山田宏一郎）

佐賀新聞 平成26年10月21日付

成年男子7人制の佐賀県チームは、
圧倒的な強さで予選リーグ3戦全勝で、予選突破。
見事に決勝トーナメント進出。
予選リーグのスコアは、
佐賀19―7東京
佐賀21―12広島
佐賀21―12愛媛
佐賀工OB主体のチームに
FW副島亀里ララボウラティアナラ（シライシ舗道）を
かかえたメンバーで挑んだのです。
最強の佐賀県チームは、
初戦で東京と対戦、昨年の東京国体では負けた相手です。
江戸の敵《かたき》は長崎でと云う有名な例え話を地で行くような、
見事な敵打ちを成し遂げました。
試合開始と同時に、「連敗はせんゾ」とばかりに、
東京に襲いかかり、思い切りのいいスタートダッシュをかけて、
相手を撹乱《かくらん》しました。
指令塔のBK染山茂範（中国電力）の正確なキックを前面に繰り出して

攻めまくり、
エースのＦＷ副島亀里ララボウラティアナラが
圧倒的なスピードを生かして一気に突破。
なんと開始45秒で見事なトライを決めます。
まさに秒殺の離れ技でした。
前半を12―7で折り返し、
後半も開始59秒、またもや副島がトライを決め、
ここで一気に勝負を決定づけます。

佐賀県選抜チームは、
合同練習はやったけど、試合は初めてです。
かなりちぐはぐなプレーが目立ち、連係が上手く取れなかったのですが、そこは
個々の能力でカバーしたのです。

江浦千城監督兼選手のコメントは
「このチームは今後、試合を重ねるごとに良くなっていくと思う。
さらに連係を深めて、上を目指して駆け上がりたい」との事でした。

決勝トーナメント
1回戦　佐賀17—12千葉
準決勝　佐賀28—26山梨
決　勝　佐賀24—19愛知
佐賀初優勝

佐賀新聞の記事には、
快挙達成を託された、１９０センチ92キロ
屈強なトライゲッターが勇猛に左サイドを疾走したとありました。
ラグビー7人制決勝戦
佐賀県選抜—愛知戦は
19—19のまま、試合はもつれ込み、
得点が入った時点で勝負が決まる延長戦に突入します。
延長戦のホイッスルと同時にラストスパート、
延長1分で一気にたたみかけてケリを付けます。
流れとしては、こうです。
佐賀県選抜チームは、

フィジー出身の副島亀里ララボウラティアナラを後方に待機させて
まずSO染山茂範（中国電力）のキックで突破口を作り、
7人制特有の広いフィールド空間を古瀬鈴之佑（東海大）が縦横無尽に走り回り、
相手ディフェンスとの距離をつくり、わずかなチャンスを作った。
左サイド、ライン付近で古瀬からボールを受けた副島が
一気に加速し、トライを決めました。
前日の予選プールで左足に肉離れを起こしていた副島でしたが、
「佐賀のために」とテーピングをして強行出場し、
佐賀県勢成年に初の栄冠をもたらしました。

まさに見事なVトライ。

試合後のインタビューで、
「チームみんなの力でトライが取れた事がうれしい。
みんながボールを回してくれ、佐賀県に貢献できて良かった」と
副島は佐賀県民を泣かせるラガーマンらしいセリフを残してくれました。
7人制日本代表のSO染山も

佐賀工ＯＢのチームメイトと共に喜びを爆発させました。

各選手の優勝後のコメントです。

染山茂範（中国電力）
キックの精度には自信があった。
日本一の経験は初めてなので、本当にうれしい。

原大雅（購買戦略研究所）
このチームに、自分を呼んでくれたスタッフに感謝したい。
チーム一丸で勝利を目指す佐賀工高魂を見せる事ができた。

古瀬鈴之佑（東海大）
優勝チームの一員としてこの場にいられることが幸せ。

藤井亮太（東芝）
まだ若手に負けられないという気持ちで臨んだ。
少年男子で優勝経験があるので、両部門で優勝する貴重な経験ができた。

徳富大樹（九州旅客鉄道）
このメンバーで優勝できた喜びをかみしめ、また次に向けて
頑張りたい。

最後にＦＷ副島亀里ララボウラティアナラ（当時、シライシ舗道）、
現、コカ・コーラレッドスパークス選手についてご紹介します。
ラグビー王国、フィジー出身31歳
国際協力機構（ＪＩＣＡ）のボランティアで、
フィジーの病院で働いていた佐賀県出身の妻と結婚し、
昨年、日本国籍を取得しました。
トップリーグ経験者など佐賀工業高出身者が主体の県チームに加わり、
東京国体で5位入賞に貢献。

今大会は、当たりの強さに加え、巧みなステップやフェイントも冴え渡り、
予選から決勝までの6試合で計12トライを挙げる活躍を見せました。
日本語が上手なので、コミュニケーションもしっかり取れて、
みんなが僕にボールを回してくれると
いつも感謝の　言葉を!!　忘れない。
素晴らしいラガーマン。
副島選手の決定力と佐賀工業高OBの一体感が
がっちりと組み合わさって手にした頂点。
優勝でさらに深まった信頼関係とあふれる郷土愛を胸に、
県チームを牽引する。
佐賀県民として、ラグビーファンとして、
副島選手のご結婚と奥様に心より、
「有り難うございます」と申し上げたい。
佐賀県民としては最高の婿殿であります。

2019年　令和元年7月11日

副島選手（コカ・コーラレッドスパークス）

ラグビー7人制東京五輪1次候補に決定。

第6章

これからの佐賀のラグビー

ラグビー7人制　男女共優勝
ラガーウーマンの紹介

ユニバーシアード夏季大会
2019（令和元）年7月7日
イタリアのナポリで行われた
ラグビー7人制の日本は、
男女共に金メダルを獲得

津岡翔太郎（23）コカ・コーラレッドスパークス
松本純弥（19）明治大2年
堤ほの花（22）日体大4年
の佐賀工出身の3選手が日本代表として出場し、日本の初優勝に大きく貢献しました。
男子予選リーグを2勝1敗の1位で勝ち上がり、

7日の準決勝はロシアを14―0で破りました。
迎えた決勝では、強豪南アフリカに15―12で競り勝ちます。
津岡は、準決勝、決勝ともに途中出場し、
ともに試合後半に勝利を引き寄せる貴重なトライを決めます。
昨年のユース五輪日本代表でキャプテンを務めた松本は、
予選2試合に出場して、見事に1トライを決めました。
日本の競技力の底上げを世界に示した大会だったと思います。
彼らは東京オリンピックを乗り越えたその先の
2024年パリ五輪で主力となる年代であり、
今からの成長とさらなる活躍が期待されます。

最後にラガーウーマンをご紹介します

ラグビー女子日本代表の堤ほの花選手です。
小学1年生から本格的に競技を始め、
佐賀工業高校時代に15人制日本代表に選ばれます。
今、東京オリンピックを目指している
日本体育大学ラグビー部に所属する女子大生です。
オリンピックまであと半年。目指すは東京オリンピックでの金メダル！

2年前のワールドカップ、アイルランド大会に出場して、
世界各国の選手と対戦し、ボールコントロール、
走りのスピード、当たりの力強さ、そしてタックルの正確さなど
まだ自分のパワーとレベルではかなわないことを体で実感します。

その後7人制のワールドカップ（アメリカ）に参加します。
当時の世界のランキングで10位だった日本が、

この大会でブラジルと強豪フィジーに勝ちます。

ここで初めて世界と張り合えると実感し、
もっと頑張れば優勝できると思ったそうです。

そして、迎えたユニバーシアード夏季大会は
2019（令和元）年7月7日、
イタリアのナポリで行われた7人制ラグビーで、

ついに金メダルを獲得したのです。

予選から負けなしの快進撃を演じ、
決勝では、フランスを33―7で圧倒して頂点に立ちました。
堤は全試合に先発出場し、
決勝のフランス戦での2トライをはじめ、
計6トライを決めて優勝の原動力となりました。

彼女は次のように言っています。

「東京オリンピックまであと1年。
何としてもまず代表選手に選ばれるために、
しっかりとしたプレーを続け、自分の強味を磨き込んでいく。
そして東京オリンピック代表に選ばれたら、
全身全霊をかけて金メダルを取りに行く。
その姿を佐賀県民の人たちに見せたい」

2019（令和元）年7月11日
堤　ほの花　選手
ラグビー7人制　東京五輪　1次候補に決定。

スポーツファンの佐賀県民の一人として、
東京オリンピック女子ラグビーでの堤選手の活躍が待たれます。

ラガーウーマンの自分を犠牲にして、
仲間を助ける、ロックの仕事。

これを武士道で例えるならば、
さながら〝山之内一豊の妻〟
と言った所でしょうか‼

（注）夫の成功を内助の功で支えた
〝良妻の鏡〟
織田信長の時代の人。

まことに見事であります。

２０１９年（令和元年）12月8日、
―あとがきに代えて―

日本が戦争を始めた日であります。
絶対に忘れてはならない。
戦うのは、スポーツだけです。

第9回ラグビーワールドカップ日本大会が終わった後、
各地で小学生のラグビー教室が開かれるようになりました。
家の中でいつもゲームに明け暮れていたのが、
だ円形の変則なボールを夢中になって追っかける姿がとってもまぶしく、
たくましく見え、日本の将来に心強い、ときめきを感じます。

ラガーマンが少年達のあこがれの手本と成れる事を願いながら、
今スポーツが出来る、スポーツ観戦が出来る、
平和で幸せな日々に感謝しつつ・・・
ペンを置きます。

長時間にわたり
このつたない文章に最後までお付き合い頂きまして、
ありがとうございました。

ありがとうございました。

ラグビーのルールも詳しくない私が、
ラグビーの本を書くとは、滑稽《こっけい》な話だが、
ラグビーは見る角度によって、
多くの感動を味わう事が出来ます。
私が書いたこの文章は、
ラグビーの魅力のほんの一部にしかすぎません。
難しいルールは、
ラグビー会場へ行って、隣の席の人に聞けばいい。
ラグビーを観にきている人達は荒っぽいようですが、
とても親切な人達!!

さあこの本を読んだら、
ラグビー会場へ出かけよう！

きっと素晴らしい感動に出逢います。

この本が出来上がって店頭に並ぶ頃、
東京・丸の内で大観衆に囲まれて、
桜の戦士達のパレードが行われている事でしょう。
ラガーマンの褐色で光沢のある笑顔が
はじけている事でしょう。
リーチ・マイケル選手が観衆との〝ワンチーム〟を
喜んでいる事でしょう。
その中で一人、田中史朗選手は、歓喜の涙を流すことでしょう。
ラグビー人気の低迷期、
スタンドのまばらな観客の中で、
負け試合を何度となく経験した、
その思いが、この大観衆を前にしたら、

よみがえると思います。
低迷期を過ごし、
そして耐えて来た男の美しい涙・・・。

今、令和の花道を見事な背広姿で、ゆっくり練り歩く、
桜の戦士のラガーマン。

来る東京オリンピックの露払いを見事にやってのけました。

この鍛え抜かれた背筋の奥に、
どれだけの汗と涙を流した事だろうか？

どれだけ想像しても、想像してもしきれない程の努力を、
この広い背中が物語っております。

背広とは、背中が広いと書きます。

ラガーマンの見事な背広の後ろ姿を遠くに思い浮かべながら・・・。

この素晴らしきラガーマンのオーラが美しく、

読者のあなたのハートに溶け込んで行きますように・・・。

〈略　　歴〉

馬場　憲治　　昭和23年９月24日　生

昭和36年３月　三田川小卒
　　39年３月　三田川中卒
　　42年３月　佐賀学園高校卒業
　　42年４月　福岡市　山一ボデー　入社
　　47年１月　山一ボデー　退社
　　47年11月　馬場ボデー　設立　現在に至る

国家資格
・職業訓練指導員・板金科・塗装科・自動車整備科・一級技能検定
・打出板金作業・金属塗装作業・店頭調色作業・２級自動車整備士
・シャーシー・ディーゼル・ガソリン・車体整備士
国家資格・その他　全部で26種目

昭和57年（1982）　佐賀県神埼郡三田川町にエッフェル塔（実物の１/16サイズ）を建設
　　59年（1984）　階段昇降車イス開発
　　　　　　　　　法別コード No.1　特許 59-12-25-00-59-272032
　　60年（1985）　ヨーロッパ発明展に車イス出品（選外注目作）
　　61年（1986）　日仏現代美術展入選（スプレー画）
　　62年（1987）　　〃　　連続入選（　〃　）
　　63年（1988）　ソビエト美術展入選（　〃　）
　　63年（1988）　自作の車イスで熊本の日本一の石段3,333登頂
平成元年（1989）　スペイン美術展入選（スプレー画）
　　元年（1989）　吉野ヶ里遺跡にて海部首相歓迎のホラ貝演奏
　　２年（1990）　カナダ美術展入選（スプレー画）
　　２年（1990）　佐賀市中央大通りに県魚「むつごろう」のモニュメント製作
　　２年（1990）　ル・サロン展入選（パリ）（スプレー画）
　　２年（1990）　ニューヨーク、アポロシアター、アマチュアナイト ホラ貝演奏
　　２年（1990）　ニューヨーク、バッテリーパークで落書きコンテスト、マリリン・モンロー スプレー画で優勝
　　３年（1991）　吉野ヶ里出土品の有柄銅剣のモニュメント製作
　　３年（1991）　アジアマンスアジア太平洋フェスティバル　刀渡り
　　11年（1999）　アジアマスターズ陸上競技、男子棒高跳び　第２位
　　14年（2002）　アジアマスターズ陸上競技、男子棒高跳び　第１位（優勝）
　　17年（2005）　零式艦上戦闘機　52型実寸大復元製作
　　20年（2008）　黄金の茶室作成
　　20年（2008）　名護屋城博物館、草庵茶室復元
　　25年（2013）　東宝映画『永遠の０』零戦出演（主演　岡田准一）
　　27年（2015）　テレビ東京ドラマスペシャル『永遠の０』零戦出演（主演　向井　理）
　　28年（2016）　『脊振山の赤い翼』（佐賀新聞社）発行

その他　講演回数450回以上（テーマ「一点集中突破」）

佐賀のラガーマン

令和元年12月 8 日発行

著　　者　馬場　憲治

発　　行　佐賀新聞社
制作販売　佐賀新聞プランニング
〒840-0815　佐賀市天神3-2-23
電話　0952-28-2152（編集部）

印　　刷　佐賀印刷社

定価（本体900円＋税）